Andrea & Harald Hesse

Radeln für die Seele in und um München

15 Wohlfühltouren

Droste Verlag

ALLE TOUREN AUF EINEN BLICK

Am Flaucher

Malerische Villen

Liebe Wohlfühlradler,

Radeln in und um München, und dann auch noch Wohlfühltouren? Ein schlechter Scherz? Ein Widerspruch in sich? – Von wegen! Wir haben die Sattelprobe gemacht. Und sind immer noch ganz bewegt und beschwingt von den tollen Eindrücken, die wir auf unseren 15 Radltouren kreuz und quer durch München und sein Umland gewonnen haben.

Doch nicht nur Neuland haben wir uns er-fahren, darunter eine der größten Parkanlagen Münchens, die wir zuvor nur vom Hörensagen kannten, und einen Frauenwald. Auch faustdicke Überraschungen durften wir auf unseren Wegen erleben. Die längste Tour etwa führte uns 42 Kilometer mitten durch mehrere Münchner Bezirke. Dennoch verliefen drei Viertel der Strecke ausschließlich auf Wegen in naturnahen Grünzonen. On the road haben wir wunderschöne Weiten, imposante Wälder, idyllische Bachläufe, rare Streuobstflächen, wertvolle Feuchtwiesen und erfrischende Badeseen hautnah erlebt. Unterm Strich waren wir rund 40 Stunden (reine Radlzeit) und knapp 400 Kilometer auf Achse. Natürlich haben wir bei so viel Seelenkost das Leibeswohl nicht vergessen und ansprechende Einkehrmöglichkeiten empfohlen. Ist doch klar: Wer radelt, muss auch essen!

In diesem Sinne: Gute Fahrt!

Andrea & Harald Hesse

NATUR-INFO

KULTUR-INFO

TOUREN-/EVENT-INFO

GENUSS-INFO

- 20 Kilometer
- 50 Höhenmeter
- 2 Stunden
- Rundtour

Kirschblütenpracht an der Kirche St. Michael

Im grünen Osten

Vom Ostpark nach Solalinden

Auf der reich mit Biergärten bestückten Route lernen wir den Münchner Osten von seiner grünen Seite kennen. Er glänzt dabei immer wieder mit Sehenswertem – und überrascht selbst eingefleischte Münchner.

Los geht's am Parkplatz des **Michaelibads,** einen Steinwurf vom Biergarten **Michaeligarten** ❶ entfernt. Von der **Feichtstraße** biegen wir rechts auf den Radweg ein, der neben der **Heinrich-Wieland-Straße** verläuft. An einer großen Kreuzung mit der unübersehbaren **Monumentalskulptur „Die Blaue Spirale"** ❷ fahren wir links in die **Corinthstraße.**

Hinter der kleinen, anno 1900 geweihten **St.-Michael-Kapelle** führt unser Weg rechts in die **Emil-Nolde-Straße.** Dann geht es abermals rechts in die **Max-Beckmann-Straße,** die wir in einer Linkskurve nach rechts in eine Parkanlage verlassen.

Hier halten wir uns links und radeln den schmalen grünen Grenzstreifen entlang, der die Stadtteile Trudering und Neuperlach trennt, kreuzen mittendrin den Hugo-Lang-Bogen und schwenken am Ende links in die **Friedrich-Creuzer-Straße** ein. Kurz darauf geht es rechts in die Straße **Am Hochacker,** der wir 800 Meter folgen – zur Linken von Häusern, zur Rechten vom Ausläufer des Truderinger Walds flankiert. Dann drehen wir rechts in den **Schrammingerweg** ab. Nach gut 2,5 naturnahen Kilometern, abwechselnd von offenen Wiesen, dichtem Wald und weitläufigen Feldern begleitet, erreichen wir die **Keferloher-Markt-Straße,** die links nach **Solalinden** führt. Wir machen einen kleinen Abstecher ins Dorf, um in **Rothmeyers Zur Einkehr** ❸

__„Die blaue Spirale"__ an der Heinrich-Wieland-Straße, ein Werk von Louis Constantin (1944), stand ursprünglich im Park der Kunstakademie München. Die größte freitragende Kunststoffskulptur Münchens wiegt rund 1,5 Tonnen, ist 9 Meter lang und misst 3,5 Meter im Durchmesser.*

Zwischenstopp in Rothmeyers Zur Einkehr

Solalinden, 1289 erstmals als Schwaige (Viehhof) erwähnt, gehörte einst den Klöstern Tegernsee und Weyarn. Im Dreißigjährigen Krieg zerstört, wurde es später als Gut geführt und nach 1945 für Heimatvertriebene in sieben gleich große Höfe aufgeteilt.

einen Zwischenstopp einzulegen – eine urige Gaststätte mit einladendem Biergarten unter hoch gewachsenen Kastanien. Gegenüber befindet sich eine denkmalgeschützte, weiß verputzte Wegkapelle mit weitem Vordach, die aus dem 18. Jahrhundert stammt.

Anschließend radeln wir über die **Keferloher-Markt-Straße** zurück mit Kurs aufs Nachbardorf Oedenstockach. Auf beiden Seiten des von weiten Feldfluren gerahmten Weges stehen relativ junge Winterlinden, die diesem Streckenabschnitt in einigen Jahren den Charakter einer prächtigen Baumallee verleihen werden. Einer Infotafel am Straßenrand entnehmen wir, dass es der Plan der Gemeinde Putzbrunn ist, möglichst alle Ortsteile mit Baumalleen wie dieser zu verbinden. Nach Süden hin erkennen wir am Horizont schemenhaft den Alpensaum, der bei klarer Sicht noch viel eindrücklicher wirkt.

Im Herzen von **Oedenstockach** passieren wir den **Kapellenplatz,** an dem sich zwei Baudenkmäler befinden. Auf der linken Straßenseite ragt ein 1905 errich-

Für die Seele

Über den Stadtrand hinaus geht es durch dörfliche Gefilde und einen Bürgergarten. Und wir finden einen Begleiter: den Hachinger Bach.

teter **Wasserturm** als rechteckiger Massivbau mit Mansarddach in die Höhe, schräg gegenüber begrüßt uns die **Sankt-Anna-Kapelle** ④, ein schlichter einschiffiger Bau aus dem 19. Jahrhundert mit einem umso augenfälligeren Glockenturm aus Holz, der bereits ins 20. Jahrhundert datiert.

Kaum haben wir das Dorf verlassen, kreuzen wir die viel befahrene Münchner Straße und gelangen in die **Oedenstockacher Straße,** an die sich rechter Hand anfänglich ein kleines Gewerbegebiet mit Discountern, Lebensmittelhändlern und weiteren Dienstleis-

Sankt-Anna-Kapelle

tern schmiegt. Nach einem kleinen Waldstück biegen wir rechts in die **Hauptstraße** ab, die wir nach rund 600 Metern wiederum nach rechts in die **Karl-Huber-Straße** verlassen, um an der nächsten Möglichkeit links in die **Walkürenstraße** zu wechseln. Nun folgt ein knapp 5 Kilometer währender Streckenteil, der uns auf verkehrsarmen Nebenstraßen mehr oder weniger in gerader Linie die geografische Besonderheit der Gemeinde **Neubiberg** mit Pedalen erkunden lässt: Wie ein 6 Kilometer langes Handtuch zieht sich das die Ortsteile Neubiberg und Unterbiberg umfassende Gebiet zwischen Waldperlach und Neuperlach im Norden sowie Ottobrunn und Unterhaching im Süden hin. Wo sich ursprünglich ein dichtes Waldgebiet erstreckte, von dem sich nur noch spärliche Reste wie kleine Inseln aus einem Häusermeer erheben, macht sich heute Neubiberg breit. Es nennt sich auf seinen gelben Ortsschildern mit schwarzer Schrift „Universitätsgemeinde". Das ist nicht amtlich und beruht darauf, dass hier die Universität der Bundeswehr sowie, im Landschaftspark Campeon, Forschungseinrichtungen der Unternehmen Infineon und Intel ihren Sitz haben.

Wir radeln bis ans Ende der Walkürenstraße, wo wir nach links in die **Josef-Kyrein-Straße** und sofort wieder nach rechts in die **Schopenhauerstraße** abbiegen. Diese geht später in den **Rathausplatz** mit dem entsprechenden Amtshaus über und trifft anschließend auf eine Querstraße, die **Lindenallee.** Dort halten wir uns links, um nach wenigen Metern rechts in die **Hauptstraße** zu schwenken. Unmittelbar nach einem Bahnübergang halten wir uns halb rechts und durchqueren den zwischen S-Bahn-Gleisen und Äußerer Hauptstraße eingebetteten **Umweltgarten Neubiberg ❺.**

*Im naturnahen **Umweltgarten Neubiberg** findet jeden Donnerstag von 14.30 bis 18 Uhr ein Biomarkt statt, auf der man schmackhaftes Bioobst und -gemüse, frische Backwaren, Wurst, Käse, Marmelade und Honig kaufen kann.*

Das ganzjährig frei zugängliche Areal ist ein kleines, aber feines, vor allem idyllisches Juwel der Gemeinde, das fast wie ein Bauernhof Gehege mit Hühnern, Enten, Schafen, Ziegen und Pferden beherbergt. Streuobstwiese, Kräuterspirale und ein Baumlehrpfad finden sich ebenso vor Ort wie Bauern-, Stein- und

Umweltgarten Neubiberg

Staudengarten. Schmale Gassen und viele Bänke laden zum Schlendern und Verweilen ein.

Wir verlassen den Umweltgarten an einer Verkehrsampel, die den Übergang von der Äußeren Hauptstraße in die Carl-Wery-Straße sichert, kreuzen die Straße bei Grün und fahren die **Zwergerstraße** entlang. Sie führt uns am Sportpark Neubiberg und der Bundeswehr-Uni vorbei bis in die Nähe des alten Ortskerns von **Unterbiberg,** wo die Wiege der Gemeinde Neubiberg stand. Die barocke **Dorfkirche St. Georg** 6 mit dem unübersehbaren Zwiebelturm sowie alteingesessene Bauernhöfe versprühen bis heute ihren historischen Charme. Das Gotteshaus wurde zwischen 1725 und 1745 errichtet. Den Hochaltar schmückt eine Figur des heiligen Quirin, die auf eine jahrhundertelange Verbindung mit dem Kloster Tegernsee verweist. Der Legende nach starb Quirin als Märtyrer im Rom des 3. Jahrhunderts, später landeten seine Gebeine

St. Paulus

Gasthaus Perlacher Hof

irgendwie in Tegernsee in Bayern, wo der inzwischen heiliggesprochene Glaubenszeuge große Verehrung erfuhr. So klein ist die Welt manchmal.

Der die Kirche umgebende Friedhof ist über 600 Jahre alt. St. Georg hatte einen Vorgängerbau, über dessen Geschichte aber nur sehr wenig bekannt ist.

Weiter radeln wir rechts über den **Marktplatz,** von dem wir wiederum rechts in die **Unterbiberger Straße** lenken. Sie leitet uns durch die Neubausiedlung Vivamus in die **Sebastian-Bauer-Straße,** die uns in gleicher Richtung weiterführt. Unser ständiger Begleiter ist dabei der Hachinger Bach – mal sind wir näher dran, mal etwas weiter entfernt von ihm.

Wir kommen an **St. Paulus** ⑦ der ältesten evangelischen Kirche Münchens, und dem gemütlichen Gasthaus **Perlacher Hof** ⑧ samt Kastanien-Biergarten vorbei. Auf dem von stattlichen Häusern gesäumten **Pfanzeltplatz** im Herzen Perlachs legen wir eine kleine Genusspause ein. In Sichtweite des **Geschichtsbrunnens**

Der nur 12 Kilometer lange Hachinger Bach ist ein Relikt der letzten Eiszeit. Er entstand wie die Isar in der Schmelzwasserrinne eines Sees des Isar-Loisach-Gletschers und ist das einzige Fließgewässer, das innerhalb der Münchner Schotterebene entspringt.

Perlach kann auf eine lange Geschichte zurückblicken. Das einstige Bauerndorf wurde um das Jahr 790 erstmals urkundlich erwähnt. Besiedelt ist diese Flur aber schon viel länger. Ausgrabungsfunde belegen, dass es dort schon seit der Jungsteinzeit Menschen gab.

Altperlach 9, der an die erstaunliche Geschichte Perlachs und seiner Einwohner erinnert, lockt das **Il Gelato Italiano** 10 mit hausgemachtem Eis und leckeren Kuchen.

Danach schwingen wir uns wieder auf die Räder und fahren den Hachinger Bach entlang – vorbei am **Steinobelisken,** dem denkmalgeschützten Kriegerdenkmal von 1872, und an der **Kirche St. Michael,** deren Grundstein 1728 auf den Fundamenten einer jahrhundertealten Vorgängerkirche gelegt wurde. Die **Hofmarkstraße** geht in einer Rechtskurve in die **Holzwiesenstraße** über, dann biegen wir links in den **Krehlebogen** ein. Ab jetzt folgen wir der Beschilderung Richtung **Ostpark.** Mit von der Partie als wässriger Begleiter ist nun wieder der Hachinger Bach. Zunächst lassen wir die **Sportanlagen** von Perlach-West links liegen. Sodann unterqueren wir die Ständlerstraße und erreichen über den Radweg, der parallel zum **Adolf-Baeyer-Damm** verläuft, den **Ostpark** mit seinen freien Wiesen und bewachsenen Hügeln. Hinter dem **Ostparksee** sind wir gut zwei Stunden nach dem Tourstart wieder am Ausgangspunkt.

Geschichtsbrunnen Altperlach

Am Ende der Tour nimmt uns der Ostpark in Empfang

Straßtrudering
Neutrudering
Heinrich-Wieland-Straße
Zehntfeldstraße
Ostpark
Quiddestraße
Ständlerstraße
Ottobrunner Straße
Ramersdorf-Perlach
Am Hochacker
Schrammingerweg
Tsingtauer Straße
Putzbrunner Straße
Neuperlach
Karl-Marx-Ring
Unterhachinger Straße
Unterbiberger Straße
Hachinger Bach
Unterbiberg
Zwergerstraße
Carl-Wery-Straße
Rotkäppchenstraße
St 2078
Waldperlach
Münchner Straße
Oedenstockach
Keferloher-Markt-Straße
Solalinden
Walkürenstraße
Hauptstraße
Neubiberg
Waldkolonie
Putzbrunn
304
2R
8

Entspannung ✱✱✱✱✱

Genuss ✱✱✱✱✱

Romantik ✱✱✱✱✱

WIE & WANN:
Weitgehend autofrei auf Asphalt und befestigten Wegen; beste Zeit April bis Oktober sowie an trockenen Tagen in der kalten Jahreszeit

HIN & WEG:
Auto: Parkplatz Michaelibad/Michaeligarten, Heinrich-Wieland-Straße 56, 81735 München (GPS: 48.116629, 11.638915)
ÖPNV: U 5, U 7 oder U 8, Haltestelle Michaelibad (Fahrradbeförderung in der U-Bahn zu bestimmten Zeiten kostenpflichtig möglich)

ESSEN & ENTSPANNEN:
Michaeligarten ❶ Feichtstraße 10, 81735 München, Tel. (0 89) 43 55 24 24, www.michaeligarten.de
Rothmeyers Zur Einkehr ❸ Keferloher-Markt-Straße 30, 85640 Putzbrunn, Tel. (0 89) 32 70-84 50, www.zur-einkehr-solalinden.de
Perlacher Hof ❽ Sebastian-Bauer-Straße 13, 81737 München, Tel. (0 89) 67 20 89 00, www.perlacherhof.de
Il Gelato Italiano ❿ Pfanzeltplatz 13, 81737 München, Tel. (0 89) 49 00 37 38

ENTDECKEN & ERLEBEN:
Monumentalskulptur „Die blaue Spirale" ❷
Sankt-Anna-Kapelle ❹
Umweltgarten Neubiberg ❺
Dorfkirche St. Georg ❻
Kirche St. Paulus ❼
Geschichtsbrunnen Altperlach ❾

* 16 Kilometer
* 10 Höhenmeter
* 1,5 Stunden (reine Fahrzeit)
* Rundtour

Kleinhesseloher See

Grüne Magnete

Englischer Garten und Hofgarten

Selbst wer München noch nie besucht haben sollte, hat bestimmt vom Englischen Garten gehört. Dieser Münchner Besuchermagnet zählt Jahr für Jahr mehr Gäste als Schloss Neuschwanstein. Ebenfalls einen großen Bekanntheitsgrad besitzt der angrenzende Hofgarten. Beide Gärten im Herzen der Stadt, mit vielen Sehenswürdigkeiten und über 100 Brücken und Stegen, erkunden wir auf dieser flachen Rundtour. Knapp 80 Kilometer Rad- und Fußwege heißen uns theoretisch willkommen. Auf jeden Fall ist es ratsam, dafür genug Zeit mitzubringen: Auch wenn die reine Fahrzeit vielleicht eineinhalb Stunden beträgt, sollte man für die Tour mit vielen gemütlichen Unterwegsaufenthalten 4 bis 5 Stunden einplanen.

Los geht's am imposanten **Odeonsplatz.** Die in kräftigem Gelb strahlende **Theatinerkirche** ❶ mit ihrer prächtigen Fassade und einer 70 Meter hohen Kuppel beherbergt die Fürstengruft des bayerischen Königshauses der Wittelsbacher. Den Bau der ersten Barockkirche Bayerns begann 1663 Agostino Barelli. Erst über 100 Jahre später vollendete François de Cuvilliés der Jüngere die Fassade, bereits im Rokoko-Stil. Einen genaueren Blick wert sind auch der **Theatinerhof** und die **Feldherrnhalle** (siehe Tour 4, Seite 53).

Wir fahren durchs hohe **Hofgartentor** – das erste Bauwerk des Münchner Architekten Leo von Klenze – in den **Hofgarten,** mit seinen Brunnen, Hecken und Blumenbeeten eine Ruheoase inmitten der Stadt.

Über die bekieste **Hofgartenstraße,** zur Rechten die kolossale Fassade der Residenz, zur Linken den be-

*Der nach dem Vorbild italienischer Renaissancegärten gestaltete **Hofgarten** ist bei der Erweiterung der Residenz Anfang des 17. Jahrhunderts entstanden. Im Arkadengang sind Wandmalereien zu sehen, die Szenen aus der Geschichte der Wittelsbacher zeigen.*

Surfen auf der Eisbachwelle

Für die Seele

Wir radeln durch eine vielfältige Parklandschaft – vorbei an idyllischen Plätzchen, gluckernden Bächen, Surferwellen und einem aussichtsreichen Tempel.

schaulichen **Dianatempel** ❷ mit seinem Kuppeldach in der Gartenmitte, gelangen wir zur **Staatskanzlei** und passieren sie links. Nach einem Rechtsbogen am **Finanzgarten** entlang halten wir uns links und radeln am **Prinz-Carl-Palais** ❸ vorbei. Der einstige Amtssitz des Bayerischen Ministerpräsidenten dient heute Repräsentationszwecken der Bayerischen Staatsregierung.

Nach Überquerung der Von-der-Tann-Straße fahren wir nach rechts am **Haus der Kunst** ❹ vorbei, das zu den großen internationalen Kunstmuseen zählt. Es liegt bereits direkt am Englischen Garten. Gleich daneben stoßen wir an der Eisbachbrücke auf die **Eisbachwelle** ❺, wo das ganze Jahr über Surfer auf dem rauschenden Wasser reiten und auf staunende Zuschauer oder Fotojäger treffen. Natürlich lassen auch wir uns das Spektakel nicht entgehen.

Anschließend tauchen wir, rechts vom Eisbach, in den **Englischen Garten.** Kaum haben wir den Wegweiser Richtung **Fräulein Grüneis** ❻ passiert, sind wir auch schon da. Das denkmalgeschützte Café und Restaurant ist eine überaus beliebte Einkehr, der Kaffee, heißt es, sei legendär. Kaum zu glauben, dass dieser Treffpunkt der Münchner früher ein Toilettenhäuschen war. Auf der anderen Seite des Weges steht ein **Gedenkstein,** der an Sir Benjamin Thompson (1753–1814) erinnert, später als Graf Rumford bekannt. Ihm hat München viel zu verdanken, auch den Englischen Garten.

Wir radeln an der **Sportanlage Am Hirschanger** entlang und überqueren den Eisbach. Nach der Brücke

*Das **Haus der Kunst** am Englischen Garten spielt in der Champions League der internationalen Kunsttempel mit. Das Museum verfügt über keine eigene Sammlung, zeigt aber jährlich bis zu sechs wechselnde Ausstellungen der Gegenwartskunst auf Weltniveau.*

fahren wir rechts in den **Oberstjägermeisterweg** ein, kurz darauf erreichen wir eine zweite, diesmal moderatere Surfwelle. Sie trägt den Namen **Dianabadschwelle,** weil an dieser Stelle bis 1900 das Dianabad war, eine beliebte Badeanstalt. Männer und Frauen vergnügten sich dort, typisch für jene Tage, getrennt voneinander.

Noch knapp 200 Meter leitet uns der Oberstjägermeisterweg. Nach einer Brücke, die den Entenbach quert, verlassen wir ihn nach links. Linker Hand erkennen wir kurz danach eine Art Halbinsel, auf der eine **Ruhebank** ⑦ aus Kalkstein einen halbkreisförmigen Bogen schlägt. Wir stellen die Räder ab, nehmen Platz und lassen die Augen genüsslich spazieren gehen. Dabei sticht uns auf einer Anhöhe der **Monopteros** ⑧ ins Auge, unser nächstes Etappenziel. Zurück auf dem Rad, passieren wir eine kleine Holzbrücke, nach der wir links zu dem Tempelbau fahren – 1832 bis 1836 errichtet, ist er so etwas wie eines der Wahrzeichen des Englischen Gartens. Natürlich steigen wir den aufgeschütteten Hügel hinauf und werden mit

Ein Besuch bei Fräulein Grüneis

Blick auf den Monopteros

Der Chinesische Turm

einem einmalig schönen Ausblick über die riesige Gartenanlage und die Stadtsilhouette Münchens beschenkt. Welch ein Augenschmaus!

Mit seitlichem Blick auf die halbrunde Kalksteinbank passieren wir die Brücke zum **Chinesischen Turm 9.** Der Pagodenturm wurde Ende des 18. Jahrhunderts als Aussichtsturm errichtet. Was wir heute sehen, ist genau genommen nicht mehr der ursprüngliche Bau, da dieser im Zweiten Weltkrieg zerstört und von den traditionsbewussten Münchnern originalgetreu wiederrichtet worden ist. Zu seinen Füßen herrscht im Sommer Biergartenbetrieb, im Advent findet dort ein malerischer Weihnachtsmarkt statt.

*Wer den Südteil des Englischen Gartens mit gemütlicher 1-PS-Zugkraft erkunden will – am **Chinesischen Turm** ist der Pferdekutschen-Standplatz. Die einspännig gefahrenen Viktoriakutschen stammen aus der Zeit um 1900 und bieten vier Personen Platz.*

Wir folgen dem Wegweiser Richtung **Kleinhesseloher See.** Kurz nach dem 1791 erbauten klassizistischen **Rumfordschlössl** zur Linken queren wir die asphaltierte Straße Englischer Garten und radeln am Kiosk am See-Einlauf vorbei auf das **Seehaus im Englischen Garten 10** zu, eine Gaststätte nebst Sonnenterrasse und Biergarten, deren Bewirtungsbereich bis ans Seeufer reicht. Der kleine See mit seinen drei Inseln ist ein Vogelparadies, in dem sich Scharen von Höckerschwänen, Graugänsen, Blässhühnern und Reiherenten sichtlich wohlfühlen. Das Gewässer ist von vielen Parkbänken gesäumt, für die in zunehmendem Maße Münchner Einwohner eine Patenschaft übernehmen.

Wir lassen das Seehaus links liegen und radeln am **Denkmal für Reinhard Freiherr von Werneck** vorbei, ein bayerischer Generalleutnant, der sechs Jahre lang Direktor des Englischen Gartens in München war. Kurz darauf bringt uns eine Brücke, die über den Isarring führt, in den Nordteil des Englischen Gartens. Nach der Brücke halten wir uns rechts, rollen dann links am historischer **Biergarten Hirschau** mit seinen rund 1800 Sitzplätzen vorbei und folgen rechtsseitig – mal näher, mal ferner – dem Oberstjägermeisterbach. Wir erreichen den querenden **Ernst-Penzoldt-Weg,** auf

Gegen eine Spende von 200 Euro kann sich jeder als Pate eine noch „freie" Parkbank im Englischen Garten sichern – oder auch im Hofgarten oder den Maximiliansanlagen. Ein kleines, an der Rückenlehne aufgebrachtes Messingschild nennt den Paten.

Denkmal Friedrich Ludwig von Sckell

dem wir rechts nach 200 Metern das **Mini-Hofbräuhaus ⑪** erreichen. Dort wird ganzjährig deftige Hausmannskost serviert, an warmen Tagen im Biergarten, an kalten im beheizten Zelt.

Sodann geht es 100 Meter den Ernst-Penzoldt-Weg zurück, dann biegen wir nach rechts auf einen **Radweg** ein, der sich Richtung Aumeister durch den Garten schlängelt, zur Linken stets vom Oberstjägermeisterbach begleitet, und uns zur **Effnerstraße** führt. Wir fahren links über die idyllisch gelegene **Effnerbrücke** hinweg zum **Amphitheater ⑫.** Die Freilichtbühne ist seit 1990 die Spielstätte des „Münchner Sommertheaters", einer Truppe junger Schauspieler, und erfreut sich heute größter Beliebtheit. Wir umkreisen die kleine Theateroase, fahren über die Effnerbrücke zurück und biegen dahinter links auf den **Friedrich-Ludwig-von Sckell-Weg** ein. Er leitet uns vorbei am Schwammerlweiher, Entenfallweiher und Libellenteich. Entlang des Wegs passieren wir fortlaufend idyllische Plätze, die zum Verweilen verführen. An warmen Sommertagen

Mini-Hofbräuhaus

Eine von über
100 Brücken und Stege
im Englischen Garten

kann man dort wunderbar picknicken. Und wenn dann der Abend dämmert und die Sonne sich langsam zur Nachtruhe begibt, verwandelt ihr spätes Licht diesen Garten Eden in eine überaus romantische Kulisse.

Nach 2 Kilometern ist das Gasthaus **Aumeister** ⑬ mit seinem bekannten Biergarten und damit der nördlichste Punkt des Englischen Gartens erreicht.

Nun geht es wieder zurück zum Ausgangspunkt, zunächst 4 Kilometer am **Schwabinger Bach** entlang bis zur **Brücke über den Isarring,** dann in einem Rechtsbogen um den Kleinhesseloher See herum, dann wieder parallel zum Schwabinger Bach auf der **Max-Joseph-Straße.** Knapp 300 Meter nach Überqueren der Straße Englischer Garten biegen wir rechts ab und gelangen über eine kleine Brücke auf die rechte Seite des Schwabinger Bachs. Nach knapp 200 Metern wechseln wir erneut die Bachseite und behalten unseren Kurs auf der **Max-Joseph-Straße** bis zum **MilchHäusl** ⑭ bei, einem Öko-Bio-Kiosk mit Mini-Biergarten und Kultstatus.

Idyll am Oberstjägermeisterbach

Wir lassen den Kiosk rechts hinter uns und setzen unsere Parktour auf dem **Militärgartenweg** fort. Zur Linken gibt es in einiger Entfernung ein Wiedersehen mit dem Monopteros.

An einer Weggabelung auf Höhe des **Japanischen Teehauses** ⑮ halten wir uns rechts und durchqueren eine Unterführung. Links vor deren Eingang sehen wir die Brücke der Von-der-Tann-Straße mit ihrem Steinbogen, unter dem ein Wasserfall hervorschießt. Hier geht der Köglmühlbach in den Schwabinger Bach über.

Nach dem Tunnel halten wir zunächst auf die Staatskanzlei zu. Dann vollführen wir einen Rechtsschwenk und treffen am Arkadengang beim einstigen Hofbrunnwerk auf den Nordrand des Hofgartens, der nun offen vor uns liegt. Wenige Meter vor dem Ziel verabschiedet sich unsere Tour mit einer wunderschönen Kulisse: Arkadengänge, Staatskanzlei, Residenz, Dianatempel und Theatinerkirche geben sich ein malerisches Stelldichein und sagen leise Servus! Wir freuen uns jetzt schon auf das nächste Wiedersehen – sei es zu Fuß oder wieder auf dem Radl.

*Das **Japanische Teehaus** liegt nahe dem Haus der Kunst etwas versteckt hinter Bäumen auf einer kleinen Insel im Schwabinger Bach. Jedes zweite Wochenende kann man dort an einer verkürzten Teezeremonie (60 Minuten) teilnehmen.*

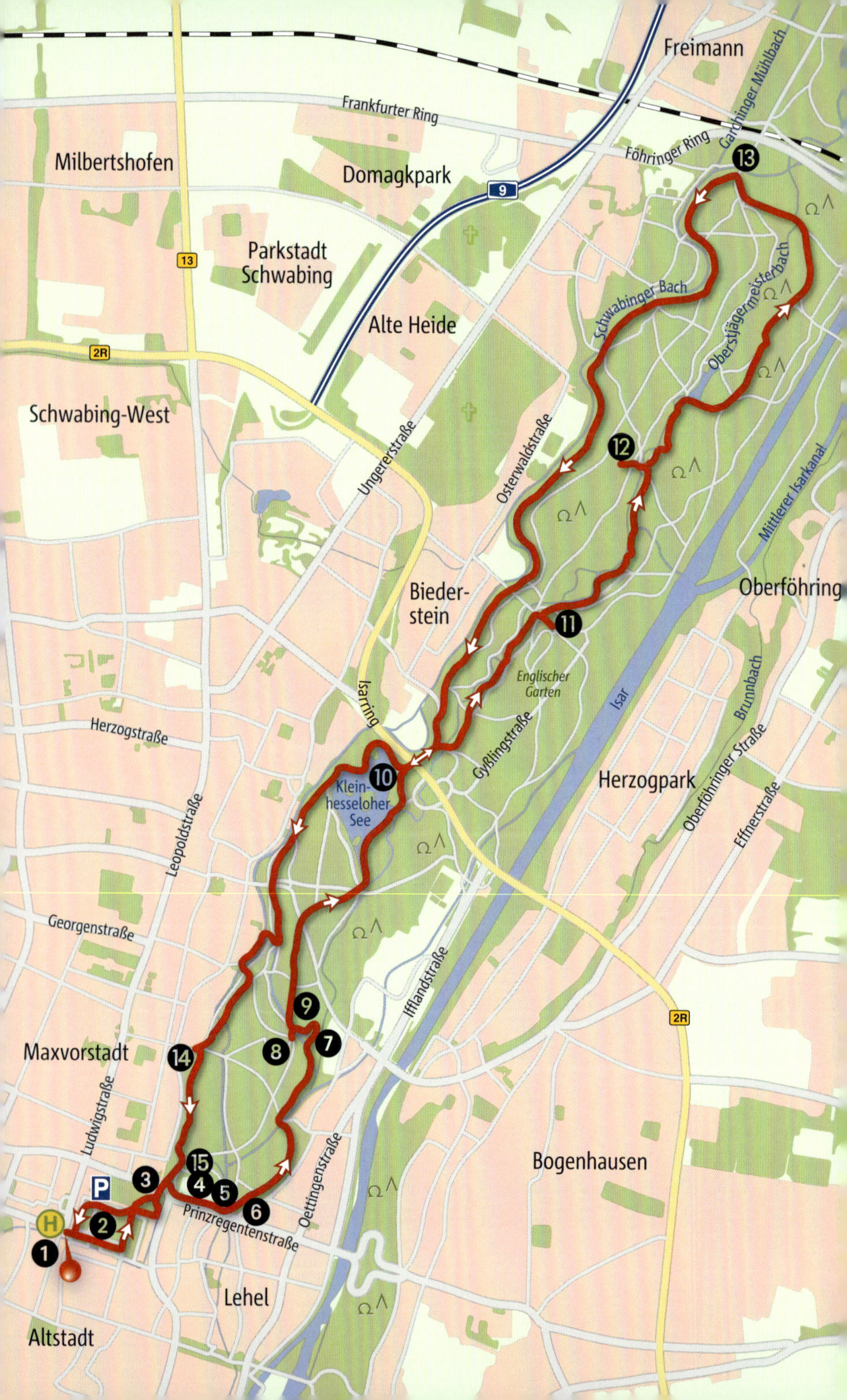

Freimann
Frankfurter Ring
Garchinger Mühlbach
Föhringer Ring
Milbertshofen
Domagkpark
9
13
Parkstadt Schwabing
Alte Heide
Schwabinger Bach
Oberstjägermeisterbach
2R
Schwabing-West
Ungererstraße
Osterwaldstraße
Mittlerer Isarkanal
Bieder-stein
Oberföhring
Englischer Garten
Isarring
Herzogstraße
Gyßlingstraße
Isar
Brunnbach
Herzogpark
Klein-hesseloher See
Leopoldstraße
Oberföhringer Straße
Effnerstraße
Georgenstraße
Ifflandstraße
Maxvorstadt
Ludwigstraße
Oettingenstraße
Bogenhausen
Prinzregentenstraße
Lehel
Altstadt

Entspannung ✱✱✱✱✱
Genuss ✱✱✱✱✱
Romantik ✱✱✱✱✱

WIE & WANN:
Rad- und Fußwege; ganzjährig möglich

HIN & WEG:
Auto: Parkmöglichkeit in der Galeriestraße, 80539 München (GPS: 48.144189, 11.578769)
ÖPNV: U 3, U 4, U 5 oder U 6, Haltestelle Odeonsplatz (Fahrradbeförderung in der U-Bahn zu bestimmten Zeiten kostenpflichtig möglich)

ESSEN & ENTSPANNEN:
Fräulein Grüneis ❻ Lerchenfeldstraße 1 a, 80538 München, Tel. (0 89) 23 03 26 70, www.fraeulein-grueneis.de
Seehaus im Englischen Garten ❿ Kleinhesselohe 3, 80802 München, Tel. (0 89) 38 16 13-0, www.kuffler.de/de/restaurant/seehaus
Mini-Hofbräuhaus ⓫ Gyßlingstraße, 80805 München, Tel. (0 89) 36 10 08 80, www.facebook.com/minihb
Aumeister ⓭ Sondermeierstraße 1, 80939 München, Tel. (0 89) 1 89 31 42-0, www.aumeister.de
MilchHäusl ⓮ Königinstraße 6, 80539 München, Tel. (0 89) 45 24 84 30, www.milchhaeusl.de

ENTDECKEN & ERLEBEN:
Theatinerkirche ❶; **Dianatempel im Hofgarten** ❷; **Prinz-Carl-Palais** ❸
Haus der Kunst ❹ Prinzregentenstraße 1, 80538 München, Tel. (0 89) 2 11 27-1 13, https://hausderkunst.de
Eisbachwelle ❺; **Ruhebank** ❼; **Monopteros** ❽;
Chinesischer Turm ❾; **Amphitheater** ⓬
Japanisches Teehaus ⓯ www.urasenke-muenchen.de

* 23 Kilometer
* 50 Höhenmeter
* 2 Stunden
* Rundtour

Entlang der Freihamer Allee, vermutlich im 17. Jahrhundert angelegt

Heide, Flur, Park

Durch die Aubinger Lohe

Am Bahnhof München-Pasing mit den gefühlt hundert Gleisen geht's auf der **Kaflerstraße** los, die wir unmittelbar vor der Würm nach rechts auf den **Hermann-Hesse-Weg** verlassen – und abtauchen. Unter der Bundesstraße 2 und den Gleisanlagen hindurch fahren wir bis zur **Theodor-Storm-Straße,** überqueren nach links die Pippinger Straße sowie die Alte Allee und gelangen auf die **Marschnerstraße.** Gleich an deren Beginn passieren wir die **Himmelfahrtskirche Pasing** und im weiteren Verlauf eine ganze Reihe von denkmalgeschützten pittoresken Villen, die allesamt um 1900 entstanden sind. Dann erreichen wir den **Robert-Stolz-Platz.** Dort steht ein **Denkmal** ❶ des Namensgebers.

Am Ende des Platzes radeln wir rechts und sofort wieder links auf die Straße **An der Schäferwiese.** An der folgenden Kurve halten wir uns links und erreichen an einem Spielplatz vorbei durch eine kleine Grünanlage den **Lucia-Popp-Bogen.** Wir halten uns links, folgen dem Straßenverlauf, überqueren sodann die **Bergsonstraße,** auf der wir links und an der Kreuzung mit Ampelanlage geradeaus auf die schmale **Negrellistraße** fahren. Links wird sie von der S-Bahn-Trasse flankiert, rechts hinter Büschen und Bäumen von der **Langwieder Haide** ❷, einer der letzten typischen Münchner Grasheiden, die von ihrer Flora und Fauna her zu den wertvollsten Magerrasen der bayerischen Landeshauptstadt zählt.

An einer Weggabelung biegen wir rechts auf die beschilderte **Freilandstraße,** die wir beim nächsten Abzweig nach links verlassen. Vorbei am Quellsack,

__Robert Stolz__ (1880–1975) war ein österreichischer Komponist und Dirigent. Das __Denkmal__ auf dem nach ihm benannten, seit 1980 bestehenden Platz hat Erich Schelenz geschaffen, von 1976 bis 1995 Leiter der Studienwerkstätte für Bildhauerei an der Akademie der Bildenden Künste München.

Idyllisches Plätzchen für eine Pause

einem Zufluss des Langwieder Bachs, unterqueren wir die Bahngleise. Seitlich ist eine Überdachung sichtbar, unter der die Autobahn 99 für 1911 Meter in einem Tunnel verschwindet, dem längsten Autobahntunnel Bayerns. Wir fahren oberirdisch auf der Röhre entlang. Aubinger Schulkinder haben diese Strecke 2010 auf einer Länge von rund 1000 Metern als **Aubinger Geschichtspfad** ③ mit bebilderten Stationen zur Ortsgeschichte gestaltet. Die Bilder der Kinder wurden auf Keramik aufgebracht, unter Glasur gebrannt und am Wegesrand aufgestellt. Weitere Details dazu kann man vor Ort auf Informationstafeln nachlesen.

Am Ende des Pfads halten wir uns nach einer Wegsperre scharf rechts und rollen den **Imkerweg** hinunter, vorbei an einem Hof, einer kleinen Siedlung, an Feldern und Viehweiden. An der folgenden T-Kreuzung geht es links aufs **Moossteig-Geräumt.** Am Waldrand lassen wir uns auf einer Holzbank nieder, während ein Bauer auf einem Traktor die weitläufige Wiese schön

Für die Seele

Wir radeln an der Langwieder Haide entlang, durch die Aubinger Lohe, zum idyllischen Moosschwaiger Weiher und besuchen den kleinen Bruder des Englischen Gartens.

gleichmäßig mäht. Kaum hat er seine Arbeit beendet, umgibt uns eine angenehme Stille, alle paar Minuten von einem mehrstimmigen Vogelkonzert im Wechselgesang untermalt.

Genug geruht und Kraft gesammelt, denn gleich müssen wir für rund 300 Meter etwas fester in die Pedale treten. Nachdem wir ein Feldkreuz passiert haben, geht es kontinuierlich ansteigend circa 30 Höhenmeter nach oben. Auf dem Hügel befindet sich die von einem Fichtenwald bewachsene **Aubinger Lohe** 4. Sie ist gegen Ende der Riß-Eiszeit entstanden und die ein-

Die Münchner Schotterebene ist der Nachlass von drei Eiszeiten. Zu Beginn der Warmzeiten schmolzen die Gletscher dahin und spülten Unmengen von Schotter- und Wassermassen nach Norden. Die lagerten sich vor allem in diesem Bereich ab.

Der Aubinger Geschichtspfad

zige nennenswerte natürliche Erhebung in der Münchner Schotterebene, die bis heute erhalten ist.

Die Gemeinde Aubing wollte den Wald 1806 kaufen, konnte aber den eigentlich geringen Preis nicht zahlen. Deshalb ist die artenreiche Aubinger Lohe bis heute ein Staatsforst. Dank eines Rodelbergs und der Spazierwege ist sie ein beliebtes Naherholungsgebiet.

Auf dem Lehmboden der ***Aubinger Lohe*** *finden sich viele Siedlungsspuren. Im Süden und Südosten aus Bronze-, Kelten- und Römerzeit, darunter auch zwei Keltenschanzen. Im Nordosten liegt ein mittelalterlicher Burgstall, im Volksmund Teufelsberg genannt.*

Nach etwa einem Kilometer biegen wir links auf den **Aubinger-Loh-Weg** ab, der uns bis zur **Eichenauer Straße** bringt. Dort verlassen wir den Wald nach rechts. Kurz darauf überqueren wir links die Bahngleise und halten uns danach rechts, begleiten für anderthalb Kilometer die Trasse, bevor wir links den **Speckbach** entlangfahren. Die landwirtschaftlichen Nutzflächen werden nur ab und zu von vereinzelten Wäldchen, Hecken und kleineren Gehölzen unterbrochen, die als Abgrenzung zwischen Feldern dienen und als Windbrecher Bodenerosion verhindern.

Wir passieren ein Feldkreuz am Moossteig-Geräumt

Rote Mohnblüten im Feld

Hier kommt es zu einer heutzutage äußerst seltenen Begegnung. In sicherer Entfernung steht auf dem Acker ein farbenprächtiger Fasan, der uns wie zur Begrüßung sein wenig harmonisches „Göö-gock" zuwirft. Wir sind mucksmäuschenstill, rühren uns keinen Millimeter vom Fleck, um ihn nicht zu erschrecken. Doch alle Mühe ist vergebens. Flugs verschwindet der Vogel mit dem bunten Gefieder und den deutlich längeren Schwanzfedern im nahen Unterholz. Viele Jahre haben wir keinen Fasan mehr gesehen, obwohl diese Tiere früher auf beinahe jedem Feld anzutreffen waren.

Am nächsten Abzweig radeln wir links auf einen Wirtschaftsweg, zur Rechten von einer Baumzeile alleeartig flankiert. Zu unserer Linken dehnt sich ein großes Feld. Dann biegen wir nach rechts, der Wirtschaftsweg verjüngt sich zum Pfad, rechts vom **Erlbach** begleitet, an dessen Ufern viele Sumpf-Schwertlilien beziehungsweise Wasserlilien prächtig gedeihen. Die gelben Blüten grüßen uns freundlich. Auch sehen wir

Der Moosschwaiger Weiher –
ein herrliches Biotop

Wasserlilien am Erlbach

zwei Biberburgen, die Nager allerdings nicht. Dann stoßen wir auf ein herrliches Biotop. Was sich **Moosschwaiger Weiher** ⑤ nennt, ist eine Reihe ehemaliger Fischteiche – nicht nur für Vögel, Insekten und Amphibien ein wahres Paradies. Auch uns tut die hier herrschende Stille gut, während wir auf einer Bank sitzen und die Stimmung des Idylls in uns aufnehmen.

Weiter geht's um die Kopfseite des Weihers herum, dann mit zunehmendem Abstand an seiner Längsseite entlang. Wir fahren auf das einsam gelegene Gut Moosschwaige zu, schlagen dann in Sichtweite der Wirtschaftsgebäude einen Linksbogen um das Anwesen herum und unterqueren auf dem **Germeringer Weg** nach rechts die Bundesstraße 2. Sofort nach der Unterführung halten wir uns links und begleiten die Autobahn 99 für rund 500 Meter. Vor einer Autobahnüberführung wenden wir uns zunächst nach rechts und überqueren dann nach einer 180-Grad-Kurve die

Brücke. Am ersten Abzweig fahren wir rechts auf einen Feldweg, überqueren die Bodenseestraße und gelangen auf die **Freihamer Allee.** Nach einer Bahnunterführung passieren wir das **historische Gut Freiham 6**, nach dem das gleichnamige Neubaugebiet in der Nachbarschaft benannt ist, und die von einer Mauer umfriedete **Heilig-Kreuz-Kirche.** Wir bleiben auf der Freihamer Allee, die auf den nächsten 800 Metern ihrem Namen alle Ehre macht und vermutlich im 17. Jahrhundert angelegt wurde. Wir lieben es, durch Baumalleen zu fahren, sie vermitteln uns immer wieder aufs Neue ein intensives Gefühl von Geborgenheit. Wenn die großen Baumveteranen mit ihren dichten Blätterkronen uns Vorbeiradelnden nur erzählen könnten, was sie in ihrem bisherigen Baumleben schon gesehen und gehört haben!

Jedenfalls bringt uns die Freihamer Allee (später **Freihamer Straße**) unweit des Autobahndreiecks München-Süd-West über die Autobahn 96 und danach durch ein mal dichtes, mal lichtes Waldgebiet (Gräfelfinger Holzwiesen) bis an den Ortsrand von **Gräfelfing.** Die älteste und größte Würmtalgemeinde des Landkreises München liegt zwischen Landeshauptstadt und Fünfseenland.

Nach dem ersten von Häusern gerahmten Straßenzug biegen wir (nach dem Haus mit der Nummer 22) links auf den schmalen **Wallfahrerweg,** der uns am Siedlungsrand entlang auf die **Mathildenstraße** führt. Auf die querende **Jahnstraße** biegen wir links ein, um bei der nächsten Möglichkeit rechts auf den **Himbselweg** zu wechseln. Er bringt uns nach einer Bahnunterführung an Sportanlagen vorbei auf die **Adalbert-Stifter-Straße,** die wir nach links auf die **Rottenbucher**

Straße verlassen. An einem Kreisverkehr geht's an der zweiten Ausfahrt in gleicher Richtung weiter, in die Straße **Am Wasserbogen,** die uns über die Autobahn 96 bringt. Kaum haben wir die überquert, tauchen wir rechts auf einen schmalen Weg ein, der uns in den **Paul-Diehl-Park** führt. Hier beginnt ein weitläufiger Grünzug, der sich über den als Landschaftsgarten angelegten **Pasinger Stadtpark** – liebevoll der kleine Bruder des Englischen Gartens genannt – bis zur **Grünanlage am Manzingerweg** erstreckt, einen Steinwurf vom Bahnhof München-Pasing entfernt, wo wir auf der Kaflerstraße gestartet sind. Nach 500 Metern treffen wir auf die **Würm,** die durch den ganzen Grünstreifen fließt und an manchen Stellen zu künstlichen Seen aufgestaut ist. Große und kleine Wiesenflächen wechseln sich ab, dazwischen Baumgruppen, kurzum eine schöne und auch idyllische Naturkulisse. Wir weichen der Würm nun nicht mehr von der Seite, wechseln lediglich dreimal über Brücken ihr Ufer, bis wir den **Manzingerweg** erreichen.

Am Ende der Tour begrüßt uns die Würm

Obermenzing
Verdistraße
Neupasing
Bergsonstraße
Negrellistraße
Alte Allee
Marschnerstraße
Pippinger Straße
DB
P
Langwieder Bach
Fischbach
Altostraße
Aubinger Lohe
Lohwiesengraben
Erlbach
Krähenweg
Speckbach
Gröbenbach
Eichenauer Straße
Moosschwaige
Aubing
Am Westkreuz
Aubinger Straße
Germeringer Weg
Aubinger Allee
Neuaubing
Bodenseestraße
Freiham
Aubinger Weg
Augsburger Straße
Germering
Landsberger Straße
Harthaus
Hans-Steinkohl-Straße
Freihamer Allee
Freihamer Straße
Gräfelfing
Lochhamer Straße
Lochham
Pasinger Straße
Paul-Diehl-Park
Würm
Maria-Eich-Straße
Pasinger Stadtpark
Planegger Straße
Pasing
Blumenauer Straße
99
96
2

Entspannung ✱✱✱✱✱

Genuss ✱

Romantik ✱✱✱✱

WIE & WANN:
Asphaltierte Nebenstraßen, befestigte Wald-, Park- und Wirtschaftswege; ganzjährig möglich, bei Regen weichen einige Wege auf

HIN & WEG:
Auto: Parkmöglichkeit am Manzingerweg, 81241 München-Pasing (GPS: 48.148428, 11.457341)
ÖPNV: Diverse RE-/RB-Linien, S 3, S 4, S 6, S 8 oder S 20 bis Pasing (Fahrradbeförderung in der S-Bahn zu bestimmten Zeiten kostenpflichtig möglich)

ESSEN & ENTSPANNEN:
Keine Einkehrmöglichkeit unmittelbar an der Strecke; also Rucksackverpflegung nicht vergessen
Einkehrmöglichkeiten in der Nähe:
Waldwirtschaft Bienenheim, Bienenheimstraße 11, 81249 München, Tel. (0 89) 89 55 59 27, www.waldwirtschaft-bienenheim.de
Gasthof Zum Alten Wirt von Obermenzing, Dorfstraße 39, 81247 München, Tel. (0 89) 8 11 15 90, www.alter-wirt-obermenzing.de
Schlossschänke Blutenburg, Am Durchblick, Seldweg 15, 81247 München, Tel. (0 89) 8 11 98 08, www.schlossschaenke-blutenburg.de

ENTDECKEN & ERLEBEN:
Denkmal Robert Stolz ❶
Langwieder Haide ❷
Aubinger Geschichtspfad ❸
Aubinger Lohe ❹
Moosschwaiger Weiher ❺
Historisches Gut Freiham ❻

* 10,5 Kilometer
* 10 Höhenmeter
* 3 Stunden
* Rundtour

Käserstand auf dem Viktualienmarkt

Kleine City-Tour

Im Herzen der Stadt München

Vor uns liegt eine mit gut 10 Kilometern recht kurze Tour. Dafür serviert sie sehr viele Sehenswürdigkeiten, die uns mitunter tief in die Geschichte Münchens führen. Und darin könnten wir uns stunden-, ja tagelang verlieren.

Los geht's am heute nach den **Geschwistern Scholl** benannten Platz vor der **Ludwig-Maximilians-Universität (LMU).**

Entstanden ist er unter König Ludwig I. beim Bau der Ludwigstraße, die sich zwischen dem Siegestor und dem Odeonsplatz samt Theatinerkirche und Feldherrnhalle mit ihren eindrucksvollen Fassaden präsentiert. Vorm Universitätseingang ist das letzte **Flugblatt der Widerstandsgruppe Weiße Rose** ❶ in Stein eingelassen.

Wir überqueren die Ludwigstraße und verlassen den Platz mit seinen Schalenbrunnen auf der **Veterinärstraße.** Sie bringt uns schnurgerade am Öko-Bio-Kiosk **MilchHäusl** ❷ mit kleinem Biergarten und Kultstatus vorbei in den **Englischen Garten.** Über den Schwabinger Bach kommen wir zum kleinen Tempelbau des **Monopteros** (siehe Tour 2, S. 22). Von seinem Hügel hat man einen herrlichen Blick über die Stadtsilhouette. Wir biegen vor dem Tempelchen nach rechts und radeln am nächsten Abzweig mit drei Wegen halb links, kreuzen sodann den Eisbach und passieren das urige Café und Restaurant **Fräulein Grüneis** ❸, wo es angeblich den besten Kaffee der Stadt geben soll. Probieren geht über studieren!

An der Eisbachbrücke, vor der Surfer die weltbekannte **Eisbachwelle** reiten, fahren wir über die Prinz-

Die Geschwister Scholl gründeten im Dritten Reich die ***Widerstandsbewegung Weiße Rose*** *und wurden vom damaligen Unrechtsstaat hingerichtet. Die DenkStätte mit Ausstellung in der Eingangshalle der LMU erinnert an die Widerstandsgruppe. Ein Besuch ist lohnend.*

Englischer Garten

Für die Seele

In der Kürze liegt die Würze: Während unserer Tour durchs pulsierende Herz Münchens reihen sich die Highlights wie Perlen auf einer Schnur aneinander.

regentenstraße und folgen ihr nach links. Über die Isar hinweg geht es bis zum in luftiger Höhe gülden leuchtenden **Friedensengel.** Er ist das Herzstück der **Maximiliansanlagen,** einer Park- und Grünfläche zwischen Ludwigsbrücke und Max-Joseph-Brücke. Nun radeln wir in Ufernähe flussaufwärts. Unser Weg führt vorbei am **Maximilianeum** – dem Sitz des bayerischen Landtags –, der Praterinsel und dem Kabelsteg mit Blick auf die imposante **Lukaskirche ④,** wegen ihrer überaus prachtvollen Erscheinung auch „protestantischer Dom" genannt. So gelangen wir zum **Müller'schen Volksbad ⑤,** einem der schönsten Jugend-

Müller'sches Volksbad

*Das 1337 erbaute **Isartor** ist das östliche Stadttor der historischen Altstadt, es trennt den Isartorplatz vom Tal. Im Inneren ist seit 1959 das sehenswerte **Valentin-Karlstadt-Musäum** untergebracht. Die Uhren im Hauptturm drehen sich gegen den Uhrzeigersinn.*

*St. Peter ist die älteste Pfarrkirche Münchens mit den ältesten Glocken und den ersten Turmuhren. Auf dem Turm, dem **„Alten Peter"**, befindet sich eine Plattform in 56 Metern Höhe mit spektakulärer Aussicht (geöffnet täglich 12–16.30 Uhr). Die 300 Stufen hinauf kosten Kraft und Eintritt.*

stilbäder Europas. Hier wird die Ludwigsbrücke unterquert. Nach einer 180-Grad-Wende strampeln wir auf der **Rosenheimer Straße** zum **Kulturzentrum Gasteig** hoch. Dort heißt es zuerst die Rosenheimer Straße, dann nach links die Straße Am Gasteig überqueren. Nun fahren wir die Rosenheimer Straße wieder hinunter, nochmals vorbei am **Müller'schen Volksbad,** dann über die **Ludwigsbrücke,** und erreichen auf der **Zweibrückenstraße** den **Isartorplatz** mit Blick auf das prachtvolle **Isartor ❻.**

Es ist das erste von drei noch erhaltenen Stadttoren der historischen Altstadt, von denen wir alle während unserer Tour in Augenschein nehmen. Das Fresko zwischen den Flankentürmen zeigt den Triumphzug Kaiser Ludwigs des Bayern nach der siegreichen Schlacht gegen seinen Rivalen Friedrich den Schönen bei Ampfing im Jahr 1322.

Jetzt geht's rechts am Isartor vorbei, und schon sind wir im Tal, einem knapp 500 Meter langen, beliebten und entsprechend belebten Straßenzug mit Geschäften und Lokalen. Er bringt uns zum **Alten Rathaus** am **Marienplatz.** Wir wenden uns nach links und stoßen unter den Augen des **Alten Peter ❼** auf den **Viktualienmarkt ❽.**

Hier befindet sich der **Biergarten Viktualienmarkt,** der zentralste Münchens, um den sich rund 100 Marktstände scharen. Im Ausschank rotieren die Biere aller sechs Münchner Brauereien. Wir stellen die Räder ab und lassen uns genüsslich über den Markt treiben, auf dem es alles zu geben scheint, was Leib und Herz begehren: Obst, Gemüse, Fisch, Fleisch, Käse, Blumen, frisch gepresste Säfte, Kaffee, Schmankerl der bayerischen Küche und natürlich Bier. Dazwischen stehen Figurenbrunnen, unter anderem mit Karl Valentin und Liesl Karlstadt.

Von der **Prälat-Zistl-Straße** nach rechts über den **Sebastiansplatz** erreichen wir rasch den **Sankt-Jakobs-Platz.** Er ist nach dem ältesten Kloster Münchens be-

Altes Rathaus
am Marienplatz

Sendlinger Tor

nannt und war einst Marktplatz. Nachdem er im Zweiten Weltkrieg zerstört und dann lange vernachlässigt worden war, trägt er seit 2007 ein neues Design. Heute versteht er sich als Ort der Begegnung. Wir finden hier die Synagoge Ohel Jakob – die **neue Hauptsynagoge der Israelitischen Kultusgemeinde** ⑨ – sowie das jüdische Museum und das Münchner Stadtmuseum.

Weiter geht's auf der Straße **Oberanger,** die uns nach links zum **Sendlinger Tor** ⑩ leitet, dem zweiten historischen Stadttor. Der Bau aus dem 14. Jahrhundert markiert das Ende der historischen Altstadt und trennt diese von der Isarvorstadt. In der Nachkriegszeit befand sich hier das Rotlichtmilieu Münchens.

Wir biegen rechts auf den Radweg und fahren an der **Sonnenstraße** entlang bis zum **Karlsplatz (Stachus).** Rechter Hand bieten die Fontänen des runden Stachus-Brunnens an heißen Sommertagen erfrischende Abkühlung. Im Winter kann man beim „Münchner Eiszauber" Schlittschuh laufen. Dahinter macht sich das **Karlstor** ⑪ breit, das dritte Stadttor im histori-

*Das im 14. Jahrhundert errichtete **Karlstor** am Karlsplatz (Stachus) wurde bis 1791 Neuhauser Tor genannt. Im Hauptbogen ragen aus den Ecken sogenannte Kragenköpfe hervor, die Münchner Persönlichkeiten darstellen.*

Stachus-Brunnen

schen Bunde, und gewährt Einlass in die Einkaufsmeile Neuhauser Straße.

Wir halten unseren Kurs und biegen erst am **Lenbachplatz** am **Mövenpick** rechts auf die **Maxburgstraße,** um 400 Meter später links über die **Hartmannstraße** zum **Promenadeplatz** zu fahren. Hier steht eine **Statue des Renaissancekomponisten Orlando di Lasso** (1532–1594), der lange in München wirkte. Heute ist sie ein Pilgerort für Fans seines über vier Jahrhunderte jüngeren Musikerkollegen Michael Jackson – wohl deswegen, weil das Fünfsternehotel Bayerischer Hof, in dem Jackson mehrmals logiert hatte, genau gegenüberliegt.

Über die **Kardinal-Faulhaber-Straße** gelangen wir zum **Salvatorplatz** mit dem **Literaturhaus München ⑫,** in dem Ausstellungen zu literarischen Themen, Lesungen und Vorträge stattfinden. Im Erdgeschoss ist die **Brasserie Oskar Maria,** benannt nach dem bayerischen Schriftsteller Oskar Maria Graf, untergebracht. Nach so viel Augenschmaus verlangt der Leib seinen Tribut. Ein Glasl Wein mundet ebenso gut.

Gestärkt geht es über den **Amiraplatz** zur **Brienner Straße,** auf der wir nach rechts – linker Hand liegt der Wittelsbacherplatz mit prächtigem Palais und Reiterdenkmal – den **Odeonsplatz** erreichen. Der ist so schön bunt, dass wir uns kaum entscheiden können: Gleich hinter dem hohen Hofgartentor, das der erste Bau des Münchner Architekten Leo von Klenze ist, lockt der zur Residenz gehörende **Hofgarten** (siehe Tour 2, S. 19) mit dem Dianatempel in seiner Mitte, in dem gelegentlich Musiker und Tänzer ihre Kunst zum Besten geben. Mit seinen vielen bekiesten Wegen, entlang derer sich zahllose Sitzbänke verteilen, den augenfälligen Brunnen und zur Blütezeit farbenfrohen Blumenbeeten offenbart sich im Innersten der wuseligen Metropole eine wohltuende Oase, in der man sich in aller Ruhe entspannen kann. Und an den Hofgarten grenzt die eindrucksvolle **Residenz ⑬,** das größte Innenstadtschloss in Deutschland. Was nicht jeder weiß: Darin

Die Feldherrnhalle

sind der prächtige Wohnpalast und reich ausgestattete Herrscherräume, die Juwelen der Schatzkammer, ein goldenes Theater und viel mehr zu besichtigen. Nicht zu vergessen die Allerheiligen-Hofkirche, in der regelmäßig Lesungen und Konzerte über die Bühne gehen.

Auch die genauere Besichtigung der monumentalen **Feldherrnhalle ⑭**, eines Münchner Wahrzeichens, ist lohnend. Sie wurde zwischen 1841 und 1844 im Auftrag König Ludwigs I. vom Architekten Friedrich von Gärtner erbaut.

Last but not least gehört zur malerischen Kulisse am Odeonsplatz auch die **Theatinerkirche** (siehe Tour 2, S. 19). Mit ihrer 70 Meter hohen Kuppel zwischen den 64 Meter hohen Türmen und der auffallenden ockergelben Fassade zieht sie jeden Betrachter in ihren Bann.

Von der Terrasse des **Tambosi ⑮**, des 1775 gegründeten Caféhauses mit italienischen Speisen und Kuchen, genießen wir diese einmalige Stadtszene und fühlen uns wie im Kino.

Die **Ludwigstraße** bringt uns schließlich, vorbei an der **Bayerischen Staatsbibliothek** und der neuromanischen **Kirche St. Ludwig** mit den zwei Türmen, zum Ausgangspunkt unserer prall gefüllten Sightseeingtour zurück.

*Von den Stufen der **Feldherrnhalle** aus hat man die gesamte Ludwigstraße bis zum Siegestor im Blick. Normalerweise findet hier sommers unter freiem Himmel das Event „Klassik am Odeonsplatz" mit renommierten Orchestern und Solisten vor rund 16.000 Zuhörern statt.*

Maxvorstadt
Schellingstraße
Gabelsbergerstraße
Ludwigstraße
Englischer Garten
Schwabinger Bach
Eisbach
Isar
Altbogenhausen
Karolinenplatz
Marsstraße
Von-der-Tann-Straße
Oettingenstraße
Prinzregentenstraße
Hof-
garten
Köglmühlbach
Alter
Botanischer
Garten
Maximiliansplatz
Odeons-
platz
Karlsplatz
(Stachus)
DB
Bayerstraße
Altstadt
Lehel
Stadtmühlbach
Stadtsägmühlbach
Sternstraße
Widenmayerstraße
Fabrikbach
Marienhof
Marienplatz
Maximilians-
anlagen
Landwehrstraße
Sonnenstraße
Viktualien-
markt
Max-Planck-Straße
Frauenstraße
Rumfordstraße
Thierschstraße
Steinsdorfstraße
Innere Wiener Straße
Klinikviertel
Blumenstraße
Haidhausen
Isarvorstadt

Alles auf einen Blick

Entspannung ★★★★☆
Genuss ★★★★★
Romantik ★★★★★

WIE & WANN:
Ruhige Nebenstraßen, von Radwegen begleitete Hauptstraßen mit städtischem Verkehr, befestigte Wege durch Park- und Grünanlagen; ganzjährig befahrbar

HIN & WEG:
Auto: Parkmöglichkeit in der Kaulbachstraße (GPS: 48.149336, 11.583779)
ÖPNV: U 3 oder U 6, Haltestelle Universität (Fahrradbeförderung in der U-Bahn zu bestimmten Zeiten kostenpflichtig möglich); alternativ Regionalverkehr bis Hauptbahnhof und Einstieg in die Tour am Karlsplatz

ESSEN & ENTSPANNEN:
MilchHäusl ❷ Königinstraße 6, 80539 München, Tel. (0 89) 45 24 84 30, www.milchhaeusl.de
Fräulein Grüneis ❸ Lerchenfeldstraße 1 a, 80538 München, Tel. (0 89) 23 03 26 70, www.fraeulein-grueneis.de
Biergarten Viktualienmarkt ❽ Viktualienmarkt 9, 80331 München, Tel. (0 89) 29 16 59 93, www.biergarten-viktualienmarkt.com
Brasserie Oskar Maria ⓬ Salvatorplatz 1, 80333 München, Tel. (0 89) 29 19 60 29, www.oskarmaria.com
Tambosi ⓯ Odeonsplatz 18, 80539 München, Tel. (0 89) 23 06 93 60, www.tambosi-odeonsplatz.de

ENTDECKEN & ERLEBEN:
Flugblatt der Widerstandsgruppe Weiße Rose ❶; **Lukaskirche** ❹
Müller'sches Volksbad ❺ www.swm.de/baeder
Isartor mit Valentin-Karlstadt-Musäum ❻ Im Tal 50, 80331 München, Tel. (0 89) 22 32 66, www.valentin-musaeum.de
Alter Peter ❼; **Viktualienmarkt** ❽; **Neue Hauptsynagoge der Israelitischen Kultusgemeinde** ❾
Sendlinger Tor ❿; **Karlstor** ⓫; **Literaturhaus München** ⓬ Salvatorplatz 1, 80333 München, Tel. (0 89) 29 19 34-0, www.literaturhaus-muenchen.de
Residenz ⓭ Residenzstraße 1, 80333 München, Tel. (0 89) 2 90 67-1, www.residenz-muenchen.de
Feldherrnhalle ⓮

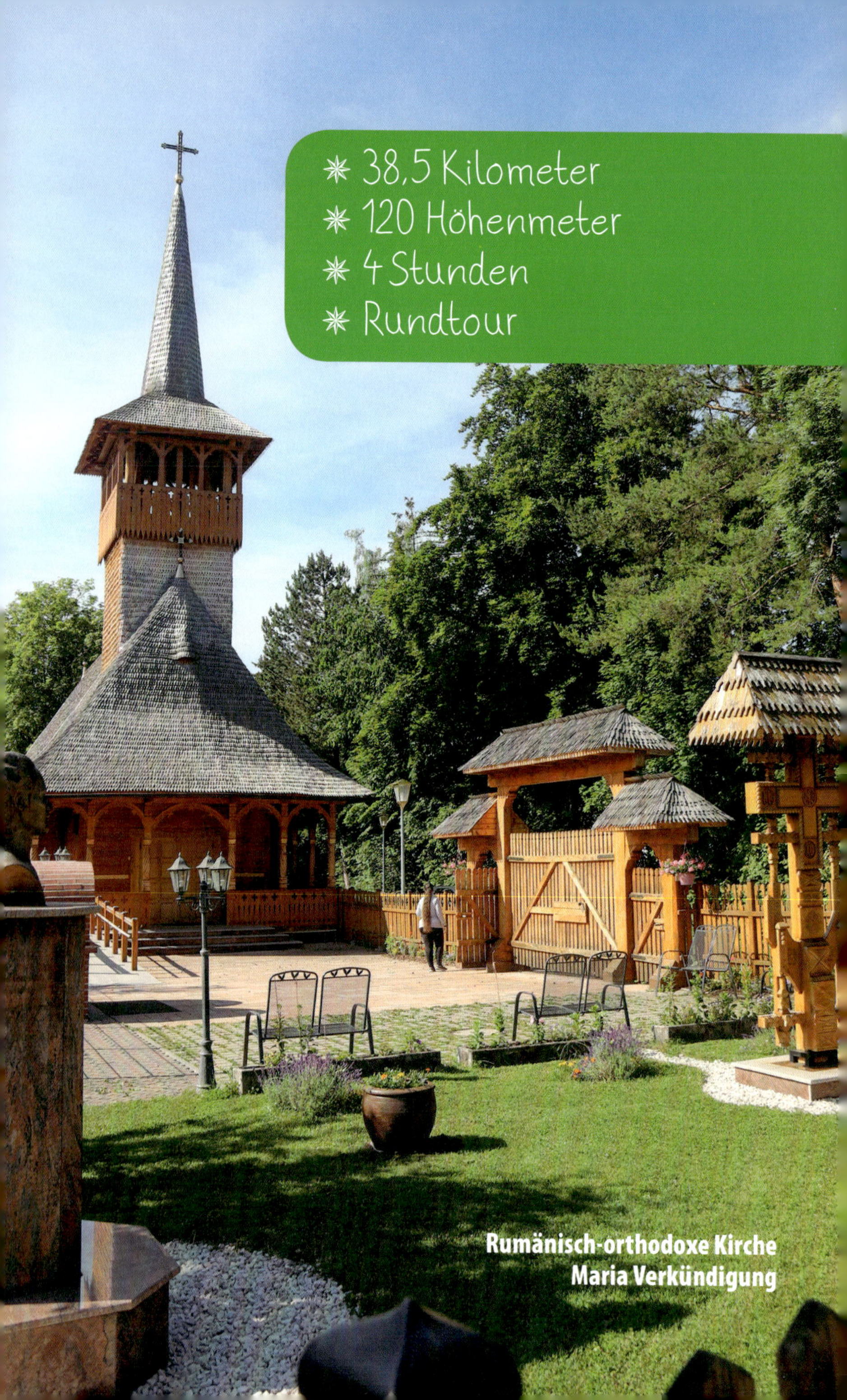

* 38,5 Kilometer
* 120 Höhenmeter
* 4 Stunden
* Rundtour

Rumänisch-orthodoxe Kirche
Maria Verkündigung

Auszeittour 5

Zum Georgenstein

Perlacher und Grünwalder Forst

Wir verlassen den Perlacher Bahnhof am **Stephensonplatz** nach links auf die **Schneckestraße,** dann erneut links auf die **Unterbiberger Straße,** queren sodann einen Bahnübergang, um an der nächsten Kreuzung rechts auf die **Weidener Straße** abzubiegen. An der **Unterhachinger Straße** geht es nach rechts und vor den Gleisen nach links auf einen schmalen Radweg, der uns entlang der Bahntrasse zur **Fasangartenstraße** bringt. Ihr folgen wir nach links auf einem begleitenden Radweg. Beim Überqueren der Bahntrasse vom Münchner Ostbahnhof nach Deisenhofen, die von der S 3 befahren wird, fällt uns auf der linken Seite neben den Gleisen die **rumänisch-orthodoxe Kirche Maria Verkündigung** ❶ ins Auge – ein für rumänische Dörfer typischer Holzbau mit Schindeldach, hölzernem Zaun und Eingangstor, verziert mit kunstvollen Schnitzereien.

Den folgenden Kreisverkehr verlassen wir an der zweiten Ausfahrt, radeln kurz danach links die leicht ansteigende **Tegernseer Landstraße** hoch und überqueren die Autobahn 995. Danach biegen wir in einer Rechtskurve (Achtung: Verkehr beachten!) nach links aufs **Perlach-Geräumt,** dem wir 5 Kilometer schnurgerade durch den **Perlacher Forst** folgen, mit seinen 13,4 Quadratkilometern das größte Naherholungsgebiet Münchens.

Kurz nach Unterquerung der Bahnstrecke von München nach Holzkirchen wenden wir uns nach rechts aufs **Grenz-Geräumt,** das den Perlacher vom Grünwalder Forst trennt und uns seitlich am Gelände

!

Perlacher und Grünwalder Forst *sind in einem strengen Raster in gleichmäßige Quadrate gegliedert. Die Flurnamen der Geräumte sind an Kreuzungen in gelber Schrift auf grünem Grund an Bäumen gut sichtbar angebracht, was die Orientierung erleichtert.*

Wunderbarer Weitblick

Für die Seele

Wir durchfahren zwei weiträumige Waldgebiete, begleiten Isarwerkkanal und Isar und bestaunen den idyllisch im Flussbett liegenden Georgenstein.

der **Bavaria Filmstadt** ❷ vorbei zur **Trambahnhaltestelle Schilcherweg** an der Geiselgasteigstraße bringt.

Auf dem **Schilcherweg** gelangen wir nach wenigen Metern zur **Hochleite** und folgen nun den Wegweisern Richtung **Großhesseloher Brücke.** Über diese Eisenbahnbrücke, oder vielmehr ein Stockwerk tiefer als die Züge durch sie hindurchfahren, radeln wir in luftiger Höhe, währenddessen wir auf beiden Seiten einen schönen Aus- und Weitblick genießen. Auf der Brücke befahren wir dicke Bohlen, was einen dumpfen Klang erzeugt. Zwischen den Planken fällt unser Blick in die Tiefe. Wer nicht schwindelfrei ist, sollte ihn meiden.

Wir verlassen die Brücke nach links und erreichen nach einer sehr kurzen, aber heftigen Steigung das gemütliche **Kiosk-Café Isarfräulein** ❸.

*Die **Bavaria Filmstadt** ist eines der größten Filmstudios in Europa. Die 90-minütigen Führungen über den großen Medien-Campus servieren interessante Einblicke in Dreharbeiten, Produktionsstätten und Originalkulissen.*

Kiosk-Café Isarfräulein

Wir fahren wenige Meter zurück und folgen dann dem Schild nach rechts zur **Waldwirtschaft Großhesselohe ④**, die wir an Tennisplätzen vorbei in wenigen Minuten erreichen. Dort stocken wir unsere Verpflegung auf, indem wir zwei ofenwarme Brezen kaufen. Sodann verlassen wir das Restaurant mit Jazz-Biergarten und biegen nach dem letzten Gebäude rechts auf einen asphaltierten Weg ab. Der Empfehlung des Warnschildes „Radfahrer absteigen" folgend, schieben wir die Räder das Steilufer hinab bis zum Uferweg **An der Isar** neben dem Isarwerkkanal. Unten schwingen wir uns wieder auf die Sättel und radeln nach rechts 4 Kilometer am Kanal entlang – die Isar selbst ist durch einen Damm vor unseren Blicken verborgen – bis zur Grünwalder Brücke. Dahinter erwartet uns schon die nächste (potenzielle) Einkehrmöglichkeit: die 1905 errichtete Gaststätte **Brückenwirt ⑤** mit ansprechendem Biergarten.

Entlang des Isarwerkkanals

War der Uferweg bisher schon an einigen Stellen von idyllischen Oasen flankiert, die manche kleine Rast rechtfertigten, so setzt sich der Trend nach der Brücke ungebrochen fort. An vielen Ecken wirkt die Szene sogar noch malerischer. Es geht am Kanal entlang bis zum Betriebsgelände eines Kraftwerks. Die asphaltierte Straße macht eine Rechtskurve, wir tauchen sogleich danach nach links – ab jetzt leicht ansteigend – auf einem schmalen Weg in den Wald ein. In gebührendem Abstand passieren wir das Werk und folgen der Beschilderung Richtung **Isarufer,** bis wir den Wald am Grünwalder Stauwehr wieder verlassen und auf den Uferweg kommen, der nach längerem Regen aufgeweicht, sprich: matschig sein kann. Flussaufwärts folgen wir der Isar, die an dieser Stelle eine weite Linksbiegung macht und eine kleine Insel umspült, für weitere 500 Meter. Dann sehen wir zwischen Bäumen hindurch am anderen Ufer unser Etappenziel: den **Georgenstein ⑥.** Auf einem schmalen Weg durch die Uferböschung erreichen wir nach wenigen Metern ein

Vor über 200 Jahren kenterte der Flößer Georg Müller an dem Felsblock im Isarbett zwischen Baierbrunn und Grünwald. In der Not flehte er seinen Namenspatron um Hilfe an. Nach der Rettung ließ er das Heiligenbild auf dem Felsen errichten. Seither heißt dieser ***Georgenstein****.*

Malerische Uferkulisse

Kiesbett, auf dem wir uns ein schattiges Plätzchen suchen. Gleich gegenüber ragt ein Felsblock etwa fünf Meter aus dem Flussbett empor. Oben thront der heilige Georg. Flößer haben die Figur dort vor vielen Jahren angebracht. Manche sagen auch, das sei die Loreley der Isar. Zu Zeiten der Transportflößerei, die bis zu Beginn des 20. Jahrhunderts währte, stellte der Georgenstein wegen der tückischen Strömung eine beachtliche Gefahr dar. Auch heutzutage macht er Hobbykapitänen, die mit ihren Schlauchbooten die Strömungsverhältnisse unterschätzen, größte Probleme.

Nach einer entspannten Brotzeit radeln wir auf demselben Weg bis kurz vorm Betriebsgelände des Kraftwerks zurück. Sobald wir den Wald verlassen, fahren wir aber nicht rechts zum Kraftwerk hinunter, sondern links die asphaltierte Straße hinauf bis zur **Dr.-Carl-von-Linde-Straße.** Der folgen wir nach rechts und überqueren in luftiger Höhe die **Grünwalder Brücke** mit Blick auf den Turm von Schloss beziehungsweise Burg Grünwald, der uns zwischen Baumwipfeln zu grüßen scheint. Am Ende der Brücke wechseln wir (Verkehr beachten!) die Straßenseite und radeln am **Kiosk Mini-Brückenwirt** vorbei auf der **Schloßleite** in den Wald. Am nächsten Abzweig biegen wir rechts auf einen schmalen, ansteigenden Schotterweg ein, der im oberen Drittel die Konturen eines Hohlwegs hat und uns an der mittelalterlichen **Burg Grünwald 7** auf die **Zeillerstraße** entlässt.

Vorbei am **Schlosshotel,** das Gebäude stammt aus dem 13. Jahrhundert, und an der **Kirche St. Peter und Paul** bringt uns die **Rathausstraße** zum **Marktplatz.** In der Einbahnstraße steigen wir ab und schieben. Dann überqueren wir rechter Hand die verkehrsreiche Emil-Geis-Straße. Von dort lacht uns ein kleiner Laden mit roter Markise und riesigem Eishörnchen an der Außenfassade so verführerisch an, dass wir beinahe hinüberfliegen. Und schon stehen wir vor **Marily – Eis und Confiserie 8.** Nichts wie rein. Danach – zwei Kugeln

*In der Umgebung von München sind nur zwei mittelalterliche Burgen erhalten: die Blutenburg in Obermenzing und die **Burg Grünwald**. Letztere beherbergt auf drei Etagen ein sehenswertes Burgmuseum. Vom Turm hat man einen tollen Blick übers Isartal.*

Burg Grünwald

Walderlebniszentrum

mussten sein – nehmen wir im Außenbereich vorm Marily Platz und schlecken mit der Sonne, die unser Eis zum Schmelzen bringt, um die Wette. Alles wäre in Ordnung, gäbe es da nicht diese unglaubliche Dichte an SUVs und Porsches, die sich bei Rot an der nahen Kreuzung in Reih und Glied stauen. Leben wir nicht inmitten der Klimakrise?! Prompt fällt uns ein Satz von Bernd Ulrich ein. In einem Podcast hatte der stellvertretende Chefredakteur der „Zeit" gesagt: „Freiheit heißt, anderen nicht die Folgen des eigenen Lebens aufzuzwingen."

Wie wahr! Deshalb entziehen wir uns dem mobilen Elend, indem wir kurzerhand weiterfahren. Parallel zur Tölzer Straße gelangen wir auf die Straße **Auf der Eierwiese,** die uns durch eine Siedlung führt und nach einer Linkskurve auf die Straßen **Am Mauerberg** und **Am Koglerberg** bringt. Sodann biegen wir rechts für 1,5 Kilometer auf den Radweg neben der **Tölzer Straße** ein. Kurz nach dem **Waldfriedhof** überqueren wir diese, fahren in den Grünwalder Forst Richtung **Walderlebniszentrum** und erreichen auf dem **Link-Geräumt** das rechts am Weg stehende **Klanglabyrinth 9**. Einige Minuten verlieren wir uns darin buchstäblich klangvoll. Die unterm Zeltdach dicht hängenden armdicken und zwei Meter langen Äste verschlucken den Besucher in Sekundenschnelle.

Wir fahren ein paar Meter zurück und schwenken links aufs **Sauschütt-Geräumt** ein, das in diesem Bereich gleichzeitig der **Walderlebnispfad** ist. An der nächsten Weggabelung geht es links aufs **Wörnbrunner-Geräumt,** das uns über knapp 2 Kilometer schnurgerade an die **Oberhachinger Straße** führt. Die begleiten wir ein Stück nach rechts. Dann vollführen wir einen Rechtsschwenk um 270 Grad, der uns unter ihr hindurch auf die **Wörnbrunner Straße** bringt. Nach 600 Metern lassen wir das **Forsthaus Wörnbrunn 10** links liegen, obwohl uns die Sonnenterrasse besonders gastfreundlich anlacht. Hinter der Wirtschaft biegen wir an einer Weggabelung links auf die **Forsthausstraße.** Knapp 2 Kilometer weiter bringt uns halb rechts das **Perlach-Geräumt** auf schon von der Hinfahrt bekanntes Gebiet und führt uns durch den **Perlacher Forst.** Ihn verlassen wir nach knapp 5 Kilometern rechts über die **Tegernseer Landstraße** auf die **Fasangartenstraße.**

Klanglabyrinth

Im Kreisverkehr biegen wir an der ersten Ausfahrt auf die **Albert-**

Terrasse Forsthaus Wörnbrunn

Schweitzer-Straße, verlassen sie aber sofort bei der ersten Möglichkeit nach links auf einen von Bäumen flankierten Rad- und Fußweg **(Zwergerstraße),** der uns durch einen Landschaftspark führt. Nach Unterquerung der Bahntrasse der S 3 passieren wir das Firmengelände **Campeon** und fahren anschließend unter der Autobahn 8 und gleich danach unter der Unterhachinger Straße hindurch. Von der Zwergerstraße geht's auf Höhe der alten **Dorfkirche St. Georg,** der Wiege der Gemeinde Neubiberg, nach links auf die **Kanzlerstraße,** parallel zum Hachinger Bach, und dann auf die **Unterbiberger Straße,** die uns wieder zurück zum Ausgangspunkt bringt. Geschafft! Ganz in der Nähe, in Verlängerung der Unterbiberger Straße in der Sebastian-Bauer-Straße, lockt der **Perlacher Hof** (11), in dessen Biergarten wir die abwechslungsreiche Tour noch einmal Revue passieren lassen.

Dorfkirche St. Georg

Perlach
Fasangarten
Fasangartenstraße
Unterhachinger Straße
Carl-Wery-Straße
Unterbiberg
Harlaching
Fürstenried
Forstenried
Solln
Isarwerkkanal
Isar
Großhesselohe
Winkelweg-Geräumt
Harthauser-Geräumt
Perlach-Geräumt
Grenz-Geräumt
Perlacher Forst
Münchner Straße
Unterhaching
Forstenrieder Park
Pullach im Isartal
Hochuferweg
Südliche Münchner Straße
Zeillerstraße
Gartenstadt
Grünwald
Höllriegelskreuth
Oberhachinger Straße
M 11
Taufkirchen
St 2368
Buchenhain
Grünwalder Forst
Oberhaching
Baierbrunn

Entspannung ★★★★☆
Genuss ★★★★☆
Romantik ★★★★☆

WIE & WANN:
Überwiegend asphaltierte Nebenstraßen, Forst-, Wiesen- und Radwege; ganzjährig befahrbar

HIN & WEG:
Auto: Parkplatz am Bahnhof Perlach, Stephensonplatz, 81737 München (GPS: 48.093649, 11.631108)
ÖPNV: S 7, Haltestelle Perlach (Fahrradbeförderung in der S-Bahn zu bestimmten Zeiten kostenpflichtig möglich)

ESSEN & ENTSPANNEN:
Kiosk-Café Isarfräulein ❸ Bahnhofplatz 3, 82049 Pullach im Isartal, Tel. (01 77) 2 89 50 56, www.isarfraeulein.de
Waldwirtschaft Großhesselohe ❹ Georg-Kalb-Straße 3, 82049 Pullach im Isartal, Tel. (0 89) 74 99 40 30, www.waldwirtschaft.de
Brückenwirt ❺ An der Grünwalder Brücke 1, 82049 Pullach im Isartal, Tel. (0 89) 7 93 01 67, www.brueckenwirt.de
Marily – Eis & Confiserie ❽ Marktplatz 9, 82031 Grünwald, Tel. (0 89) 64 95 88 01
Forsthaus Wörnbrunn ❿ Wörnbrunn 1, 82031 Grünwald, Tel. (0 89) 8 09 11 11-0, www.forsthaus-woernbrunn.com
Perlacher Hof ⓫ Sebastian-Bauer-Straße 13, 81737 München, Tel. (0 89) 67 20 89 00, www.perlacherhof.de

ENTDECKEN & ERLEBEN:
Rumänisch-orthodoxe Kirche Maria Verkündigung ❶
Bavaria Filmstadt ❷ Bavariafilmplatz 7, 82031 Geiselgasteig bei München, Tel. (0 89) 64 99-20 00, www.filmstadt.de
Georgenstein ❻
Burg Grünwald ❼ Zeillerstraße 3, 82031 Grünwald, Tel. (0 89) 6 41 32 18
Klanglabyrinth ❾

- 22 Kilometer
- 100 Höhenmeter
- 2 Stunden
- Rundtour

Hachinger Bach

Wir starten in **Taufkirchen** in der **Dorfstraße,** deren Name noch einen Hinweis auf das frühere Bauerndorf gibt. Heute präsentiert sich die 8 Kilometer südlich von München liegende Gemeinde als typische Vorstadt am Rand einer Metropole.

Der Dorfstraße folgen wir gut einen Kilometer durch die Ortsteile Winning und Bergham. Dann kreuzen wir den Hohenbrunner Weg. Die **Hochstraße** leitet uns ins nächste Örtchen, nach **Potzham.** Es geht an einem **ehemaligen Wasserturm** ❶ vorbei, der sich wie ein überdimensioniertes, von kleinen Fenstern durchlöchertes Vierkantholz über das zur Rechten verlaufende Hachinger Tal erhebt und nun Wohnungen statt Trinkwasser beherbergt.

Im schönen Süden

Durch den Forst ins Hachinger Tal

Kurz danach treffen wir auf die **Bergstraße,** in die wir links einbiegen, um sie gleich wieder nach links in den **Hans-Kalb-Weg** zu verlassen. Der führt uns flugs an den Ortsrand. Dort, mit weitläufigen Feldern vor Augen, halten wir uns rechts und fahren bis zum **Rotwandweg.** Wir folgen ihm ein kleines Stück nach links und biegen bei der nächsten Möglichkeit rechts in die **Karwendelstraße** ab. Sie unterquert die Autobahn 955, die einen Bogen vom Südwesten Münchens zum Autobahnring München-Ost und der A 8 schlägt, und bringt uns wenige Meter dahinter zum links abzweigenden **Lanzenhaarer Weg.**

Der knapp 12 Quadratkilometer große Deisenhofener Forst ist als Naherholungsgebiet beliebt. Mitten hindurch verlaufen die Römerstraße Via Julia, die einst Augsburg mit Salzburg verband, und die Bahnstrecke von München nach Holzkirchen.

Der manövriert uns – entlang an weitflächigen Feldern zur Linken, vorbei an einem Biomasse-Heiz-

Malerische Ruheoase

kraftwerk, einem Wegkreuz sowie den Halden eines Kies- und Sandwerks zur Rechten – direkt in den **Deisenhofener Forst.** Dessen dicht bewachsener Rand schirmt uns wie eine grüne Wand vom Siedlungsbau Taufkirchens ab, der uns bislang geradezu verfolgt hat. Durch eine schnurgerade Schneise tauchen wir immer tiefer in den Schatten spendenden Wald ein – ein nadelhölzernes Spalier, das uns beiderseits flankiert. Alle Abzweigungen lassen wir rechts und links liegen – bis zum **Anderl-Geräumt,** das unseren Weg nach 1,5 Kilometern quert. Dort halten wir uns links und biegen an der nächsten Möglichkeit rechts aufs **Staucharting-Geräumt** ein, das sich auf diesem Streckenteil mit dem **M-Wasserweg** deckt und einmal die Lanzenhaarer

Für die Seele

Auf der entspannten Tour halten sich sonnige und schattige Passagen die Waage. Uns erwartet ein schönes Finale am Hachinger Bach entlang.

Straße kreuzt. Nach gut 900 Metern wartet dann mit dem **Weber-Geräumt** der nächste Linksschwenk auf uns. Wir folgen ihm, bis wir rund 170 Meter nach Querung des Saubogen-Geräumt nach rechts abknicken und zur kleinen **Kirche St. Ulrich** ❷ gelangen. Leider ist ihr Eingang verschlossen, sodass wir lediglich an der Chorseite auf einer Sitzbank pausieren und die angenehm wärmenden Sonnenstrahlen in aller Ruhe genießen.

*Das heutige Erscheinungsbild der **Kirche St. Ulrich** in Lanzenhaar (Gemeinde Sauerlach) mit ihrem Spitzhelm geht auf die spätgotische Zeit zurück. Doch schon vorher stand hier eine Kirche: Ihre erste Erwähnung datiert auf 1315.*

Direkt am Waldrand bei der Kapelle St. Ulrich befand sich früher das historische Lanzenhaar, das nicht mit der heutigen Siedlung zusammenfällt. Jahrhundertelang markierte die spätgotische Kapelle den Lebensmittelpunkt der Alt-Lanzenhaarer. Und wo sich

Kirche St. Ulrich

heute der Wald nach Nordwesten ausbreitet, reihten sich früher die Felder der Lanzenhaarer Bauern aneinander. Wegen der Viereckschanzen im Lanzenhaarer Feld gehen Historiker davon aus, dass die Ursprünge des Ortes auf eine alte Keltensiedlung zurückgehen. Ob die Neubesiedlung zur Zeit der Römer oder erst danach geschah, steht nach wie vor in den Sternen.

Tiefenentspannt radeln wir weiter, rechts an der Kirche vorbei. Nach rund 100 Metern am Waldrand biegen wir rechts in den Wald ab und folgen nun dem **Lanzenhaarer Kirchenweg,** auf dem wir anderthalb Kilometer bleiben. Unterwegs passieren wir die Via Julia, eine römische Militärstraße, auf der bis ins dritte Jahrhundert nach Christus Truppen zur Grenzsicherung von Günzburg über Augsburg bis Salzburg unterwegs waren, und tunneln die Bahnlinie, die München mit Holzkirchen verbindet. An einer Weggabelung biegen wir links auf einen alten Bekannten ein, das **Staucharting-Geräumt,** das uns nach wenigen Minuten zur **Wallfahrtskapelle St. Anna** 3 bringt. Das

Alljährlich findet zum Sankt-Anna-Fest am 26. Juli an der ***Wallfahrtskapelle St. Anna*** *ein Feldgottesdienst mit Pferdesegnung statt.*

Wallfahrtskapelle St. Anna

kleine Juwel mit seinem Haubenturm steht inmitten des Forsts auf dem sogenannten Stauchartinger Feld, einer grasbewachsenen Lichtung, wo die spätbarocke Feldkapelle im Spotlight des Sonnenscheins besonders hell und farbenfroh aufleuchtet. Anno 1513 war Staucharting oder „Studrating“, wie es erstmals 1017 im ältesten Tegernseers Stiftsbuch hieß, ein Weiler, der aus drei Höfen und zwei „Hueben“ bestand (unter einer „Huebe“ verstand man im Mittelalter ein kleineres landwirtschaftliches Anwesen, das ausreichte, um eine Familie zu ernähren). Das alles wurde zu einer Schwaige, einem Viehhof, zusammengefasst. In den Jahren 1692/93 erbaute der ehemalige Schwaiger neben seinem Hof eine Kapelle aus Stein, die nach seinem Tod noch einmal erweitert wurde.

Nach einer kurzen Rast und Kirchenbeschau – jedenfalls von außen, auch bei diesem Gotteshaus stehen wir vor verschlossenen Türen – radeln wir weiter. Am Ende der Lichtung wenden wir uns nach rechts und folgen dem **Hirschbrunner-Geräumt** an zwei Laichgewässern vorbei, wo von Ende April bis in den Sommer hinein kostenlose Quakkonzerte gegeben werden. An der **Altkirchner Straße** biegen wir rechts ein. Sie führt uns bis an die Bahnstrecke heran, die wir einige Kilometer zuvor unterquert haben. Hier halten wir uns links und radeln mit den Gleisen als ständigen Begleitern auf der **Sauerlacher Straße** Richtung Deisenhofen. Kurz vor dem Bahnhof biegen wir rechts in die **Stefanienstraße** ein, die uns den Weg ins Herz des ehemaligen Pfarrdorfs bahnt. Schräg gegenüber der Bahnhof-

Eiscafé La Dolce Vita

Am Hachinger Bach

straße, die nach links abzweigt, befindet sich das **Eiscafé La Dolce Vita** ❹, dessen leckeren Versuchungen – es gibt sie im Hörnchen oder Becher – wir natürlich nicht widerstehen.

Geradeaus geht's weiter, erst die **Tisinstraße** entlang, dann nach rechts die **Bergstraße** hinunter. Kurz nach einer **Wegkapelle,** die am linken Straßenrand steht, fahren wir links in den Weg **Vorderes Gleißental.** Bei erster Gelegenheit verlassen wir ihn nach rechts in eine Grünanlage auf einem **Rad- und Fußweg,** der sich entlang des **Hachinger Bachs** dahinschlängelt. Der Hachinger Bach entspringt in einer ehemaligen Gletscherabflussrinne zwischen Deisenhofen und Oberhaching. 2 Kilometer (seine gesamte Lauflänge beträgt 15 Kilometer) fließt er durch die Gemeinde Oberhaching. In seinem Quellbereich und Oberlauf wird der Hachinger Bach vom Grundwasser aus der Münchner Schotterebene gespeist.

Der schmale Weg Vorderes Gleißental in Deisenhofen ist nach dem Gleißental benannt, einem Überbleibsel der letzten Eiszeit. Der 25 Meter tiefe Geländeeinschnitt reicht vom Deininger Weiher bis Deisenhofen, wo er ins Hachinger Tal übergeht.

Feuchtwiesen am
Hachinger Bach

Über eine Holzbrücke hinweg gelangen wir zur **Kybergstraße.** Wir halten uns rechts, um an der nächsten Straße links auf den Oberhachinger **Kirchplatz** zu radeln. Der wird von der romanischen Chorturmkirche St. Stephan dominiert, um die sich einige Geschäfte und Lokale scharen. Darunter das **Hachinger Bio G'wölb ⑤,** ein Bioladen mit Herz, wie er sich mit Recht nennt, dazu mit G'wölb, Café und Sommerterrasse.

Sodann überqueren wir den Kirchplatz und gelangen über die **Hahilingastraße** und den schmalen, idyllischen **Bachweg** zur **Holzstraße,** auf die wir links abbiegen. An der **Pöttinger Straße** radeln wir gleich wieder rechts. Sie führt uns am Ende über einen schmalen Radweg bis zur beampelten Kreuzung mit der Auffahrt zur Autobahn 995. Wir behalten die Richtung bei und fahren unter der Autobahn hindurch am **Autobahnweiher** entlang, den manche trotz seiner bescheidenen Lage als „grüne Oase zwischen Taufkirchen und Oberhaching" bezeichnen und sogar darin baden – Geschmäcker sind halt verschieden. Wir hingegen sind froh, dass wir das kalte und auch verdreckte Gewässer schnell hinter uns lassen und auf dem **Pöttinger Weg** durch weite Felder rollen. Unser Weg führt uns an hochwertigen **Feuchtwiesen am Hachinger Bach ⑥** entlang, den Spitzhelm der Kirche St. Johannes der Täufer Taufkirchen vor Augen. Mit viel Glück bekommt man dort sogar den seltenen Randring-Perlmuttfalter zu Gesicht – wir leider nicht!

In **Taufkirchen** überqueren wir den Köglweg und an der Ampel neben der Eisdiele **Vaniglia il Gelato ⑦** die Münchener Straße. Nach der Holzbrücke, die über den Hachinger Bach führt, biegen wir für wenige Meter rechts auf den **Wölflschneiderweg,** den wir gleich wieder nach links auf den **Winninger Weg** verlassen. Dieser bringt uns an Tennisplätzen vorbei und einen Hang hinauf zur **Dorfstraße,** über die wir nach links wieder zum Ausgangspunkt der Tour zurückkehren.

Nur in Taufkirchen begleiten den Hachinger Bach streckenweise hochwertige Feuchtwiesen. Sie nehmen eine Fläche von 19 Hektar ein. Dort finden sich auch Seggenbestände und Hochstaudenfluren. Der Reichtum an Pflanzen- und Tierarten ist bemerkenswert.

Waldstraße
DB
Am Wald
Münchener Straße
Entenbach
Dorfstraße
P
8
Winning
Tauf-
kirchen
7
Tegernseer Landstraße
Pöttinger Weg
6
Tölzer Straße
Hochstraße
Bergham
Hachinger Bach
1
Potzham
M 11
Furth
Münchner Straße
995
5
Kybergstraße
Lanzenhaarer Weg
Ober-
haching
St 2368
Lanzenhaarer Straße
St 2573
4
Stefanienstraße
Deisenhofen
Tölzer Straße
Sauerlacher Straße
Dietramszeller Straße
Weber-Geräumt
2
Deisenhofener Forst
Nacht-Geräumt
Ötz-Geräumt
Lanzenhaar
Staucharting-Geräumt
Hirschbrunner-Geräumt
3

Alles auf einen Blick

WIE & WANN:
Nebenstraßen sowie befestigte Wald-, Feld- und Radwege; beste Zeit April bis Oktober sowie an trockenen Tagen in der kalten Jahreszeit

HIN & WEG:
Auto: Parkmöglichkeit in der Dorfstraße, 82024 Taufkirchen (GPS: 48.052125, 11.626183)
ÖPNV: S 3 bis Taufkirchen (Fahrradbeförderung in der S-Bahn zu bestimmten Zeiten kostenpflichtig möglich); mit dem Rad via Bahnhofstraße, links Münchener Straße, rechts Tegernseer Landstraße zur Dorfstraße

ESSEN & ENTSPANNEN:
Eiscafé La Dolce Vita ❹ Stefanienstraße 1, 82041 Oberhaching-Deisenhofen, Tel. (0 89) 63 89 33 71

Entspannung ★★★★☆
Genuss ★★★☆☆
Romantik ★★★★☆

Hachinger Bio G'wölb ❺ Hahilingastraße 1, 82041 Oberhaching, Tel. (0 89) 66 65 57 15, www.bio-gwoelb.de
Vaniglia il Gelato ❼ Münchener Straße 29, 82024 Taufkirchen, Tel. (0 89) 6 14 84 77, www.vaniglia-taufkirchen.de

ENTDECKEN & ERLEBEN:
Ehemaliger Wasserturm ❶
Kirche St. Ulrich ❷
Wallfahrtskapelle St. Anna ❸
Feuchtwiesen am Hachinger Bach ❻

- 21,5 Kilometer
- 10 Höhenmeter
- 2 Stunden
- Rundtour

Blick auf den südlichen Pavillon mit Renatuskapelle

Der Klausenweg

Rund um Schleißheim herum

Die am nördlichen Stadtrand Münchens gelegene Gemeinde Oberschleißheim blickt auf eine über 1200-jährige Geschichte zurück, die maßgeblich von den drei ortsansässigen Schlössern und ihren Herrschaften geprägt wurde. Auf unserer Tour entlang des Oberschleißheimer Klausenwegs spüren wir immer wieder den historischen Atem dieser Gefilde im Nacken.

Wir starten am **S-Bahnhof Oberschleißheim,** folgen der Beschilderung Richtung **Schloss Schleißheim** sowie dem blau-weißen Wegweiser **Klausenweg-Herzog-Wilhelm-V.** und fahren auf dem begleitenden Radweg der **Feierabendstraße.** Bei der ersten Möglichkeit folgen wir einem Straßenzug, der ebenfalls Feierabendstraße heißt, nach links, um ihn nach wenigen Metern erneut nach links auf einem schmalen Weg zu verlassen. Es geht durch eine **Bahnunterführung,** die wir im Verlauf unserer Tour noch zweimal passieren werden. Danach halten wir uns rechts und radeln auf der **Blumenstraße** zur **Mittenheimer Straße.** Über die erreichen wir auf der **Effnerstraße** den **Wilhelmshof.** Seit mehr als 400 Jahren steht er westlich des Alten Schlosses und diente ursprünglich der Landwirtschaft, später war er Ausbildungsstätte und gilt heutzutage als vornehme Wohnadresse.

Weiter geht's links durch das große **Mitteltor mit dem Uhrenturm** ❶. Wir schieben hier unsere Räder, durchqueren den zum **Alten Schloss Schleißheim** gehö-

*Der **Klausenweg** ist ein Pilgerweg, den der bayerische Herzog Wilhelm V., genannt Wilhelm der Fromme, anlegen ließ. Der Weg verbindet eine Reihe von Kapellen und Klausen für Einsiedler, an die heute bis auf ganz wenige Ausnahmen nur noch Gedenksteine erinnern.*

*1598 erwarb Herzog Wilhelm V. ein landwirtschaftliches Anwesen in Schleißheim und ließ dort ein Herrenhaus erbauen. Das waren die Anfänge des **Alten Schlosses**, das in seiner heutigen Form auf einen Neubau durch Wilhelms Sohn Maximilian I. zurückgeht.*

Das Schleißheimer Ensemble aus Neuem Schloss, Altem Schloss, Schloss Lustheim und der weiträumigen barocken Gartenanlage zeigt dem heutigen Besucher anschaulich und eindrücklich, was höfische Architektur und Gartenkunst des 17. und 18. Jahrhunderts ausmachte.

renden **Maximilianshof** und gelangen durch einen weiteren Torbogen auf das zwischen dem Alten und Neuen Schloss Schleißheim gelegene **Parterre** ❷. Mit den symmetrisch angelegten Beeten und Wiesen, dekorativ beschnittenen Buchsbaumhecken und einem Wasserbecken mit Fontäne in der Mitte macht der Platz ordentlich was her. Früher diente diese Augenweide der Repräsentation, dort fuhren bei besonderen Anlässen die geladenen Gäste des Hofes nach strengem Protokoll in ihren Kutschen vor. Da konnte nicht jeder Gast kommen, wann er wollte, nein, so lief das nicht. Und das Sehen-und-Gesehenwerden-Spielchen ist offensichtlich uralt.

Der bekieste **Fliederweg** bietet uns einen seitlichen Blick auf das nach dem Muster von Versailles errichtete **Neue Schloss.** Wir passieren die 300 Jahre alte **Schlosswirtschaft Oberschleißheim** ❸ nebst Biergarten und Alm, folgen weiter der Beschilderung **Klausenweg** und gelangen über eine Brücke, die über den Südlichen Schlosskanal führt, auf die den Kanal begleitende

Neues Schloss Schleißheim

Für die Seele

Auf den Spuren von Herzog Wilhelm V. streifen wir traumhaft schöne Schlösser, barocke Kunst höfischer Gärten und die vielfältige Natur um Schleißheim.

Münchner Allee. Erst passieren wir eine prächtige Baumallee, danach die weitläufige **Hochmuttinger Heide,** ein Mekka für seltene Pflanzen und Tiere. Unterwegs erinnert am Straßenrand neben einer Bank ein **Gedenkstein** daran, dass sich an dieser Stelle um 1600 eine **Nikolauskapelle** befand. Nach dem **Gutshof Hochmutting** radeln wir rechts auf dem von einer Birkenallee flankierten **Schäfereiangerweg** weiter. Rechts liegt ein Friedhof mit der **Kirche St. Jakob** ④. Das 964 erbaute Gotteshaus fiel 1598 Herzog Wilhelm V. zu, der es ein Jahr später um eine Jakobusklause ergänzte. Es zählt heute zu den ältesten Kirchen Bayerns.

Ab hier befinden wir uns auf der **Königstraße.** An deren Ende treffen wir auf einen weiteren **Gedenkstein,**

Löwenzahnwiese

an dem ab 1599 die **Liebfrauenklause** stand. Dort biegen wir nach links, umfahren in einem Rechtsbogen das umzäunte Gelände der Fliegerstaffel der Bundespolizei und durchqueren auf dem **Königsstraßl** ein größeres Waldgebiet. Es ist als **Naturwaldreservat Fasaneri** ❺ ausgewiesen, in dem, so steht es auf einer Infotafel geschrieben, ohne Eingriff des Menschen wieder ein Urwald entsteht.

An der folgenden T-Kreuzung folgen wir dem Wegweiser **Klausenweg** nach rechts und fahren sodann an einem Bahndamm entlang. Wir treffen auf den **Gedenkstein** der **St.-Korbinians-Klause.** Vor der Ferdinand-Schulz-Allee tauchen wir nach links über eine Brücke, die über die Würm führt, in eine Kleingartenanlage ein. Die **August-Schmauß-Straße** leitet uns anschließend durch eine Siedlung. Sie stößt kurz darauf auf die **Schönleutnerstraße,** auf die wir links einbiegen. Rund 400 Meter nach einem beschrankten Bahnübergang schwenken wir nach rechts in die **St.-Hubertus-Straße.** Sie passiert den einstigen Standort der 1802 abgerissenen **St. Margarethen-Klause,** zu der ein Brunnen, ein

Naturwaldreservat Fasanerie

Frühlingsboten

Radeln durch den Berglwald

Obstgarten und ein Fischteich gehörten. Wir queren den 1691/92 erbauten **Dachau-Schleißheimer Kanal** ⑥ und unmittelbar danach die beampelte Dachauer Straße. Erst jetzt nimmt uns die **Sankt-Margarethen-Straße** auf, die später zum Rad- und Fußweg mutiert. Nach 700 Metern – zur Linken Felder, zur Rechten Wohnhäuser – verlassen wir sie halb rechts auf die **Professor-Otto-Hupp-Straße,** der wir etwa 500 Meter folgen. Am Zebrastreifen neben dem **AWO-Seniorenpark Oberschleißheim** schlagen wir einen Haken nach links auf den schmalen **Fohlengartenweg.** Er bringt uns vorbei an Feldern, Wald und Häusern zur **Mittenheimer Straße,** in die wir links abbiegen. An einer Kreuzung mit Ampelanlage überqueren wir erst den Bruckmannring, wechseln dann auf die andere Seite der **Mittenheimer Straße** und folgen ihr links ein kleines Stück stadtauswärts auf dem begleitenden Radweg. Und schon erheben sich rechter Hand die Gebäude des **einstigen Franziskanerklosters Mittenheim** ⑦**,** wo sich bis 1748 eine St.-Franziskus-Klause befand. Heute ist dort neben einem Hofladen das Hans-Scherer-Haus untergebracht, eine Einrichtung des Katholischen Männerfürsorgevereins München e. V.

Wir kehren um und radeln erst auf der **Mittenheimer Straße,** dann am **S-Bahnhof Oberschleißheim** vorbei (ab jetzt kennen wir die Strecke bereits) und auf der **Feierabendstraße** bis zu der schon einmal befahrenen Bahnunterführung. Wir passieren sie zum zweiten Mal auf dieser Tour. Doch statt nach rechts abzubiegen, schieben wir nun das Rad links die Treppen zur **Rotdornstraße** hoch, die parallel zu den Gleisen verläuft. Nach 500 Metern biegen wir rechts auf die Straße **Am Stichgartl,** nach weiteren 100 Metern links in den Berglwald, durch den wir nach einem Kilometer das urige **Waldrestaurant Bergl** ⑧ erreichen. Hier stoppen wir für eine Brotzeit. Außerdem gibt es was zu entdecken: die **Kapelle St. Ignatius** und einen **Kalvarienberg mit einer Kreuzigungsgruppe.**

*Das **Waldrestaurant Bergl** hat, ebenso wie der umliegende Wald, seinen Namen vom nahen Kalvarienberg. Es kann auf eine lange Tradition zurückschauen. Bereits ab 1802 verkaufte der Wirt Bier und Speisen auch vorm Haus – die Geburtsstunde des Biergartens Bergl.*

Waldrestaurant Bergl

Der bayerische Kurfürst Ferdinand Maria, der 1651 bis 1679 regierte, veranstaltete gern höfische Jagden in den Schleißheimer Wäldern. Sein Sohn, Kurfürst Max Emanuel, ließ ab 1684 Schloss Lustheim errichten.

Wir verlassen das Lokal nach links, queren sogleich den idyllisch gelegenen Berglbach, um an der nächsten Weggabelung rechts auf einen Waldweg einzubiegen. Er bringt uns zur Freisinger Straße (B 471), die wir an einer Ampel auf die **Hochmuttinger Straße** überqueren. Nach dem **Restaurant Kurfürst** ⑨ kreuzen wir den Schleißheimer Kanal. Durch einen Gitterzaun erhaschen wir einen ersten Blick auf das **Jagd- und Gartenschloss Lustheim** ⑩, Ende des 17. Jahrhunderts Kulisse rauschender Feste der hohen Herren mit Tanz und üppiger Schlemmerei.

Wenige Meter weiter schieben wir die Räder auf das Schlossgelände, passieren eine bogenförmige Hecke, kreuzen den Ringkanal, der das Schloss Lustheim kreisförmig umgibt, und gehen nach links zu einem

Jagd- und Gartenschloss Lustheim

Pavillon. Hier befindet sich die herrliche hochbarocke **Renatuskapelle** ⑪ (Oktober bis März geschlossen), die letzte Kapelle auf unserer Klausenweg-Tour, die im Zusammenhang mit Wilhelm V. steht.

Nun schieben wir unsere Räder zur **Hochmuttinger Straße** zurück und biegen rechts auf sie ein. An der folgenden Weggabelung halten wir uns ebenfalls rechts und fahren an der Schlossmauer entlang – links fällt unser Blick über eine Heidelandschaft auf den gut sichtbaren Olympiaturm mit den Alpen dahinter – bis zur **Münchner Allee,** die wir schon kennen. Ab jetzt geht's auf demselben Weg wie am Anfang der Tour, nur in umgekehrter Richtung, bis zum S-Bahnhof zurück, wo unser Radltag endet.

Berglbach
Hirschplanallee
Professor-Otto-Hupp-Straße
DB
Rotdornstraße
Am Stichgartl
Oberschleißheim
Haselsbergerstraße
Jahnstraße
Lustheimer Weg
Moosweg
St.-Margarethen-Straße
Feierabendstraße
Mittenheimer Straße
Freisinger Straße
471
Dachau-Schleißheimer Kanal
Nördlicher Schlosskanal
Lust
hei
Bahnhofstraße
Schlossanlage Schleißheim
Südlicher Schlosskanal
Hochmuttinger Straße
Effnerstraße
Würmkanal
Sonnenstraße
Ferdinand-Schulz-Allee
Münchner Allee
St 2342
Hochmutting
Jägerstraße
92
Königsstraßl
Jägerstraße
99

Alles auf einen Blick

WIE & WANN:
Asphaltierte Nebenstraßen, Park-, Wald- und Feldwege; beste Zeit März bis November, auch in schneefreien Wintern möglich

HIN & WEG:
Auto: Parkmöglichkeit an der Professor-Otto-Hupp-Straße, 85764 Oberschleißheim (GPS: 48.258070, 11.554092)
ÖPNV: S 1, Haltestelle Oberschleißheim (Fahrradbeförderung in der S-Bahn zu bestimmten Zeiten kostenpflichtig möglich)

ESSEN & ENTSPANNEN:
Schlosswirtschaft Oberschleißheim ❸ Maximilianshof 2, 85764 Oberschleißheim, Tel. (0 89) 3 15 15 55, www.schlosswirtschaft-oberschleissheim.de
Waldrestaurant Bergl ❽ Bergl 1, 85764 Oberschleißheim, Tel. (0 89) 3 15 01 05

Entspannung ✱✱✱✱✱
Genuss ✱✱✱✱✱
Romantik ✱✱✱✱✱

Restaurant Kurfürst ❾ Hochmuttinger Straße 15, 85764 Oberschleißheim, Tel. (0 89) 3 15 45 43, www.restaurant-kurfuerst.de

ENTDECKEN & ERLEBEN:
Mitteltor mit Uhrenturm ❶
Parterre ❷
Kirche St. Jakob ❹
Naturwaldreservat Fasanerie ❺
Dachau-Schleißheimer Kanal ❻
Einstiges Franziskanerkloster Mittenheim ❼
Jagd- und Gartenschloss Lustheim ❿
Renatuskapelle ⓫

Von der Natur umarmt

Einst war der Forstenrieder Park der Schauplatz feudalen Jagdvergnügens, heute ist er für die Münchner und Stadtbesucher ein attraktives Naherholungsgebiet. Streckenweise ist er von Bäumen dicht bestanden, dann wieder kehrt er seinen lichten und luftigen Parkcharakter hervor. Beide Gesichter bekommen wir auf unserer Rundtour zu Gesicht. Allerdings ist der Wald nicht nur ein Ort der Erholung, vielmehr erfüllt er noch weitere wichtige Funktionen für den Menschen sowie den Naturhaushalt: Der Waldboden filtert und speichert Wasser und beeinflusst so das Klima positiv – vor allem in seiner Umgebung, aber wenn es genug Wälder gibt, hat das einen weltweiten Effekt. Auch die Verwendung des Rohstoffs Holz gilt als

Auf der Jagd

Durch den Forstenrieder Park

nachhaltig und klimaschonend. Die Städtische Forstverwaltung München bewirtschaftet den Forstenrieder Park mit 23 Personen.

Wir starten am **Forsthaus Kasten** **1**, dem traditionsreichen Wirtshaus mit einem eher lichten und luftigen Biergarten. Wir verlassen den Parkplatz, das Forsthaus im Rücken, nach rechts über das **Planegger Sträßl,** queren sodann die Verbindungsstraße, die rechts nach Gauting und links nach Neuried führt, auf das **Preysing-Geräumt.** Dem Wegweiser Richtung **Buchendorf** folgend biegen wir nach etwa 600 Metern an einem fünfarmigen Wegekreuz nach rechts aufs **Buchendorfer Geräumt,** das wir nach weiteren 500 Metern nach links durch ein schmales grünes Spalier aus

Die Gründung von ***„Forst Kasten"*** *reicht ins Jahr 1899 zurück. Damals gab der amtierende Forstleiter kleine Brotzeiten an Wanderer ab. Der Name geht auf ein nahe gelegenes Römerkastell zurück. Das Forsthaus Kasten liegt wie eine Wieseninsel inmitten von Wald.*

Wegweiser Richtung Buchendorf

Büschen verlassen. Zum Glück steht am Wegesrand ein gelber Wegweiser Richtung **Gauting/Buchendorf** und **Römerstraße/Keltenschanze,** sodass wir den Durchschlupf nicht übersehen. Nach wenigen Metern entlässt uns der Wald auf offenes Gelände unter endlos wirkendem Himmel. Im Hintergrund sind bereits die ersten Dächer von Buchendorf zu sehen, einem Ortsteil von Gauting, der sich über Jahrhunderte auf einer Rodungsinsel entwickelt hat. Zu Zeiten der Römer lag Buchendorf direkt an der Via Julia, die Augsburg mit Salzburg verband. Wir radeln, umgeben von Feldern, bis zur **Keltenschanze 2,** lassen die Räder stehen und nehmen die quadratische Anlage in Augenschein.

Über die Straße **Zur Keltenschanze** fahren wir am Ortsrand von Buchendorf entlang zur **Neurieder Straße,** der wir links durchs Dorf bis zur **Kirche St. Michael** folgen, deren Grundmauern bis ins 12. oder 13. Jahrhundert zurück datieren. Auf einer Verkehrsinsel steht eine goldene Mariensäule, die selbst bei verhangenem Himmel noch zu leuchten scheint. Hier

Die Rolle von Keltenschanzen ist unter Fachleuten umstritten. Vermutlich waren sie Kultstätten mit Tempel, überdachtem Umgang und Opferschächten. Die Buchendorfer Schanze gehört zu den am besten erhaltenen in Süddeutschland, ihr Wall ist gut zu erkennen.

halten wir uns rechts, um gleich darauf nach links auf den **Leutstettener Weg** abzubiegen. Linker Hand liegt ein seit 2005 bestehendes Frauenkloster der Russischen Orthodoxen Kirche im Ausland, das den Namen der heiligen Großfürstin Elisabeth trägt.

An der nächsten Weggabelung wenden wir uns nach links und folgen der **Wangener Straße** zunächst durch landwirtschaftlich genutztes Gelände, aus dem blühende Rapsfelder wie knallgelbe Teppiche hervorstechen. Nach gut 800 Metern knickt der Weg rechts ab. Wir durchfahren auf ihm knapp 2 Kilometer den Wald und treffen schließlich auf eine querende asphaltierte Straße, der wir nach rechts durch nun hügeliges Gelände nach **Leutstetten** folgen. In Sichtweite des

Für die Seele

Über Wiesen und Felder, vor allem aber durch Wälder und nochmals Wälder führt unser Weg. Eine Keltenschanze und einen Alpenblick gibt's auch zu sehen.

An der Keltenschanze

*Im Dorf **Leutstetten**, um 800 erstmals urkundlich erwähnt, liegt die gleichnamige **Schlossgaststätte**. Sie ist im Besitz der Wittelsbacher, eines der ältesten deutschen Hochadelsgeschlechter. Ihm entstammten die bayerischen Herzöge, Kurfürsten und Könige.*

Ortes, am Scheitelpunkt einer 180-Grad-Rechtskurve, genießen wir über Pferdekoppeln hinweg einen schönen **Alpenblick** ❸. Es ist das erste und letzte Mal, dass wir während unserer Tour die Berge zu Gesicht bekommen, denn vor lauter Bäumen sehen wir sie ansonsten nicht.

Wir erreichen die **Schlossgaststätte Leutstetten** ❹. Der verlockenden Einladung des gemütlichen Lokals mit pittoresker Gaststube, Sonnenterrasse und dem Biergarten unter mächtigen Kastanien widerstehen wir nicht und kehren ein: Eine Brotzeit kann nie schaden.

Frisch gestärkt besuchen wir ein Stück weiter noch die kleine **Kirche St. Alto** ❺. Ihr Namenspatron, der heilige Alto, lebte im 8. Jahrhundert bei Dachau als Einsiedler und gründete das Kloster Altomünster. Bemerkenswert sind das Relief am linken Seitenaltar, ein römischer Grabstein und ein Votivbild der drei heiligen Frauen.

Schlossgaststätte Leutstetten

Pferdekoppeln mit Blick auf
die Alpen im Hintergrund

*An der Weggabelung mit Feldkreuz auf der Wangener Straße in Leutstetten kann man einen beschilderten Abstecher zur 800 Meter entfernten **Villa Rustica** machen. Dort sind die Reste eines römischen Gutshofes aus dem 2. Jahrhundert nach Christus zu sehen.*

Nach kurzer Kirchenbesichtigung machen wir kehrt und verlassen das Dorf über die **Wangener Straße,** die später nahtlos in die **Wildmoosstraße** übergeht. Es folgt ein Streckenabschnitt, auf dem man dank einiger Steigungen etwas kräftiger in die Pedale treten muss.

Nach 4 Kilometern mit viel Wald erreichen wir den Ortsrand von **Wangen.** Das auf einer Anhöhe liegende Pfarrdorf, im Norden und Süden von Wäldern flankiert, schmiegt sich buchstäblich an die Starnberg-Zubringerautobahn A 952 an. Wir durchfahren den Ort auf der **Wildmoosstraße,** kreuzen die Olympiastraße und unterqueren die Autobahn auf der **Neufahrner Straße.** Sofort nach der Unterführung biegen wir halb links auf die **Schorner Straße,** halten uns an der nächsten Weggabelung links und tunneln die Autobahn 95, die Garmisch-Partenkirchen mit München verbindet. Am Ortsende von **Schorn** verlassen wir die asphaltierte Straße nach links und folgen dem

Pferdekoppel am Schorner Weg

Innehalten und zur Ruhe kommen

Wegweiser Richtung **Oberdill** an einer Autobahnmeisterei vorbei bis zu einer Autobahnpolizeistation. Unmittelbar davor tauchen wir rechts in den **Forstenrieder Park** ab und lassen den mobilen Zivilisationslärm ruckzuck hinter uns zurück.

Kurz darauf heißt uns eine **Informationstafel** im **Wildpark Forstenried** willkommen. Demnach könnten wir unterwegs auf Wildtiere treffen, die Wahrscheinlichkeit sei aber gering. Es handelt sich um sehr scheue Tiere, die sich lieber in ihre Wildruhezonen zurückziehen. Diese dürfen von Spaziergängern und Radlern nicht betreten werden.

Nach 2 Kilometern – an den folgenden Weggabelungen halten wir uns links – mündet der Weg in einem lang gezogenen Linksbogen in das **Karolinen-Geräumt,** dem wir 5 Kilometer schnurgerade folgen.

*Der Forstenrieder Park war viele Jahrhunderte **Jagdrevier der bayerischen Fürsten und Könige**. Der heutige Wildpark ist ein eingezäuntes Areal im Ostteil des Parks. Dort kann man Rot-, Dam- und Schwarzwild in seinem natürlichen Lebensraum beobachten.*

In diesem Abschnitt zeigt sich der Forstenrieder Park besonders facettenreich. Auf dicht gedrängt stehende Waldpassagen folgen deutlich lichtere Flächen, wie sie für Parkanlagen charakteristisch sind. Dieses abwechslungsreiche Naturschauspiel genießen wir in vollen Zügen. Nach 3 Kilometern treffen wir an der Kreuzung Ludwig-Geräumt und Karolinen-Geräumt auf eine umzäunte **Diensthütte** ⑥, die aus dem Jahr 1842 stammt. Daneben befindet sich ein **Infostand,** der auf mehreren Tafeln eine kleine Kulturgeschichte der Jagd präsentiert.

Kaum sind wir wieder im Sattel, macht das Karolinen-Geräumt kurz nach dem querenden Zyllnhardt-Geräumt einen Linksknick, dem wir einen Kilometer folgen, bevor wir halb links auf das **Link-Geräumt** einfahren. Es führt uns unter der Autobahn 95 hindurch, um dann wieder in den Forst einzutauchen. Nach 2 Kilometern biegen wir an einer schmalen Schneise links auf das **Elisen-Geräumt** ein, wo wir eine Überra-

Wildschweine und Frischlinge neben dem Elisen-Geräumt

Forsthaus Kasten

schung erleben. Rund ein Dutzend Wildschweine und noch mehr Frischlinge in ihrem hell- bzw. dunkelbraun gestreiften Fell durchwühlen in aller Ruhe den Grasboden nach Futter. Erst bleiben wir wie angewurzelt stehen. Als wir erkennen, dass Tier und Mensch kein Zaun trennt, steigt der Puls. Schnell beruhigen wir uns wieder, weil sich die Säue überhaupt nicht an uns stören. Offensichtlich sind sie den Anblick von Fußgängern und Radlern gewöhnt. Also düsen wir weiter.

Nach gut 150 Metern folgen wir dem Rechtsabzweig auf das **Kraillinger Geräumt,** das uns am äußersten Zipfel von Neuried geradeaus über die Gautinger Straße führt. An der Kiesgrube Planegg geht's links aufs **Klaußner-Geräumt,** an dessen Ende wir links auf dem **Planegger Sträßl** zum **Forsthaus Kasten** gelangen. Kurz Räder und Taschen verstaut, und schon erobern wir den schönen Biergarten. Jetzt schmeckt uns das Radler besonders gut!

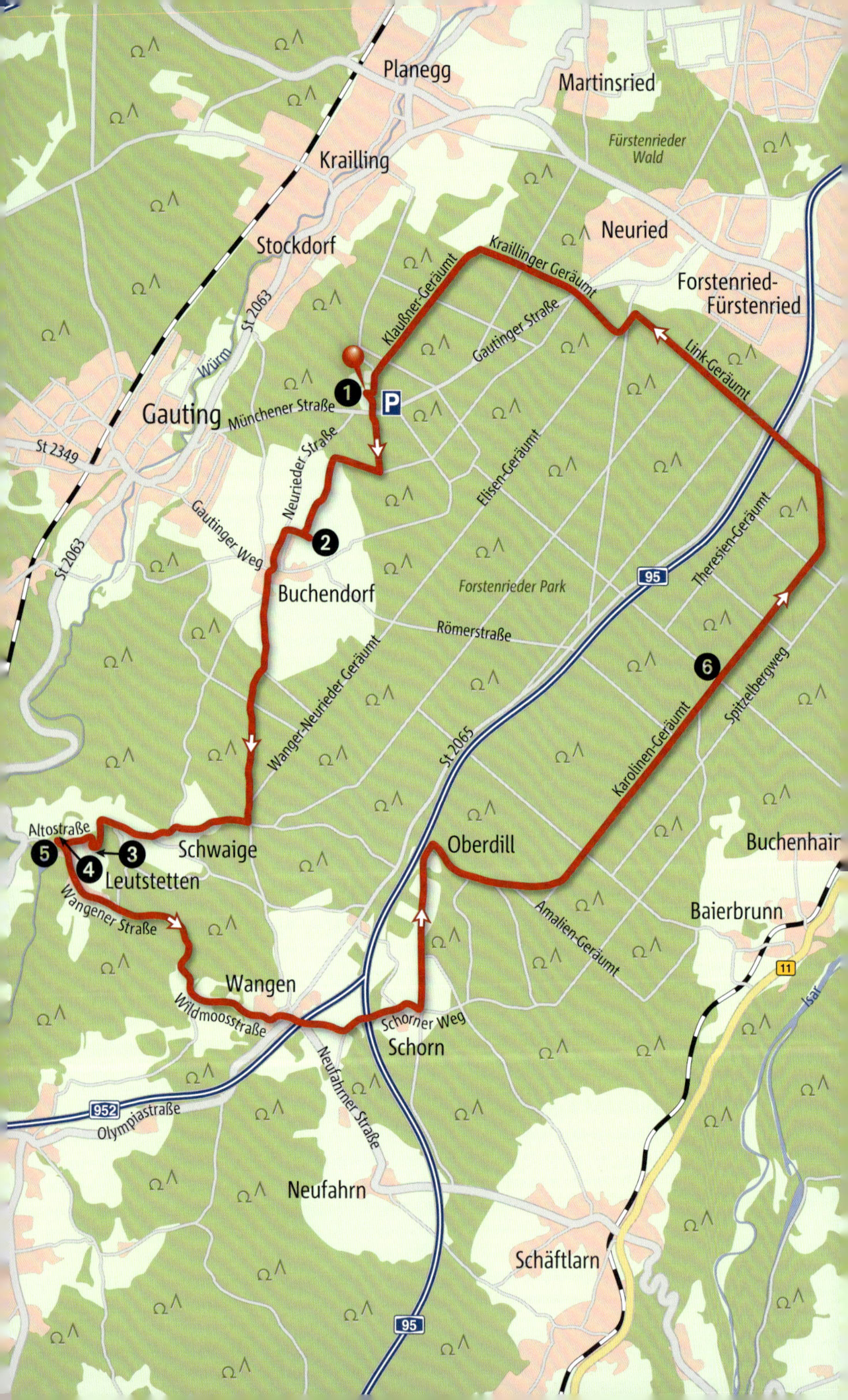

Planegg
Martinsried
Fürstenrieder Wald
Krailling
Neuried
Stockdorf
Kraillinger Geräumt
Forstenried-Fürstenried
Klaußner-Geräumt
Gautinger Straße
Link-Geräumt
St 2063
Würm
Gauting
Münchener Straße
P
St 2349
Neurieder Straße
Elisen-Geräumt
Gautinger Weg
Theresien-Geräumt
95
Buchendorf
Forstenrieder Park
Römerstraße
Wanger-Neurieder Geräumt
Spitzelbergweg
St 2065
Karolinen-Geräumt
Altostraße
Schwaige
Oberdill
Buchenhain
Leutstetten
Baierbrunn
Wangener Straße
Amalien-Geräumt
11
Wangen
Isar
Wildmoosstraße
Schorner Weg
Schorn
Neufahrner Straße
952
Olympiastraße
Neufahrn
Schäftlarn
1
2
3
4
5
6

Alles auf einen Blick

WIE & WANN:
Asphaltierte Nebenstraßen, befestigte Wald- und Radwege; nennenswerte Steigungen/Gefälle nur im Bereich um Leutstetten; beste Zeit März bis November, auch in schneefreien Wintern möglich

HIN & WEG:
Auto: Parkplatz am Forsthaus Kasten an der Verbindungsstraße zwischen Neuried und Gauting. Abfahrt von der Gautinger Straße ist beschildert (GPS: 48.075235, 11.417941)
ÖPNV: S 7, Haltestelle Buchenhain (Fahrradbeförderung in der S-Bahn zu bestimmten Zeiten kostenpflichtig möglich); mit dem Rad über Ludwig-Geräumt zum Karolinen-Geräumt, dort Einstieg in die Tour

Entspannung ★★★★★
Genuss ★★★☆☆
Romantik ★★★★☆

ESSEN & ENTSPANNEN:
Forsthaus Kasten ❶ 82131 Gauting, Tel. (0 89) 8 50 03 60, www.forst-kasten.de
Schlossgaststätte Leutstetten ❹ Altostraße 11, 82319 Leutstetten, Tel. (0 81 51) 81 56, www.schlossgaststaette-leutstetten.de

ENTDECKEN & ERLEBEN:
Keltenschanze ❷
Alpenblick nahe Leutstetten ❸
Kirche St. Alto ❺
Diensthütte mit Infostand ❻

- 16,5 Kilometer
- 20 Höhenmeter
- 2 Stunden
- Rundtour

Wir radeln entlang der Felder

Gemütliche Runde

Durchs Garchinger Umland

Wir starten mit Blick auf den **Oskar-von-Miller-Turm ①**, das weithin sichtbare Wahrzeichen des Campus Garching. Er erinnert uns eher an ein aus dem Ruder gelaufenes U-Boot-Segel. Tatsächlich handelt es sich bei der von einem Plexiglasmantel umhüllten Stahlbetonkonstruktion um den meteorologischen Messturm der Technischen Universität München (TUM), auch liebevoll Wetterturm genannt, der sich stolze 62 Meter in den weiß-blauen Himmel schraubt. Garching war ewig und drei Tage ein kleines verschlafenes Nest, das in der weiteren Umgebung kaum jemand kannte. Das änderte sich jedoch in der zweiten Hälfte der 1950er-Jahre, und zwar schlagartig. Am 31. Oktober 1957, als der erste deutsche Atom-Forschungsreaktor in Betrieb genommen wurde, das sogenannte Garchinger Atom-Ei, schaffte der bislang unscheinbare Ort den Sprung in die 20-Uhr-Nachrichten. Im ganzen Blätterwald verbreitete sich die Nachricht wie ein Lauffeuer. Das blieb nicht ohne Folgen. Inzwischen beheimatet die Universitätsstadt Garching gleich mehrere Fakultäten der Technischen Universität München, unter anderem Europas modernste Fakultät für Maschinenbau.

Anno 915 erstmals erwähnt, wurde Garching 1990 zur Stadt erhoben. 1997 folgte der Titel „Universitätsstadt", nachdem große Teile der Technischen Universität München dorthin verlagert wurden. Garching zählt rund 17.000 Einwohner und 20.000 Studenten und Beschäftigte.

Wir fahren nach rechts auf die **Ludwig-Prandtl-Straße** und queren sodann erst, an einer Ampel, die Freisinger Straße, dann die Autobahnauffahrt Garching-Nord und biegen an der Straße **Am See** links ab. Die bringt uns Richtung Sportstätten und am Stadion

Die Technische Universität München zählt zu den führenden in Europa. Sie war unter den drei ersten Exzellenz-Unis in Deutschland. In Hochschul-Rankings schneidet sie regelmäßig hervorragend ab. Seit 1927 gingen 17 Nobelpreise an Professoren und Absolventen der TUM.

Garchinger See

*Der bis 5 Meter tiefe **Garchinger See** ist ein Weiher im Nordwesten Garchings, der zwischen 1936 und 1938 durch Kiesabbau im Zuge des Baus der Nürnberger Autobahn entstand. Der südliche Teil ist ein geschützter Bereich, der Vögeln als Brutzone dient.*

vorbei zum Erholungs- und Badegelände **Garchinger See.** Wir haben Glück und sind die einzigen Gäste. So genießen wir die Stille, lediglich von gelegentlichem Vogelgezwitscher unterbrochen. Am Nordufer gibt es unter anderem einen Grill- und Spielplatz sowie ein Beachvolleyballfeld. Und am Ostufer wacht die DLRG, wenn sich an den Sommerwochenenden aus dem Umland die ungezählten Badenixen und Froschmänner zur Wasserparty versammeln, über die Schwimmfreunde. Sogar an die Kinder ist gedacht, für sie besteht südlich der Fischerhütte ein eigener Bereich mit langem und flachem Zugang ins Wasser.

In einem Linksbogen streifen wir das Ufer des 390 Meter langen und 120 Meter breiten Sees, um wieder auf die Straße **Am See** einzuschwenken.

Nach 3,5 Kilometern fahren wir am Rand der Siedlung **Hochbrück** über die Schleißheimer Straße auf den **Keltenweg,** der uns – rechts und links von landwirtschaftlichen Nutzflächen flankiert – unweit der Autobahnauffahrt Garching-Süd unter der Bundesstraße 471 hindurch bis an den **Isar-Schleißheimer Kanal** ❷ führt, auch Schleißheimer Kanal genannt. Der schnurgerade verlaufende Wasserlauf ist Teil eines ausgetüftelten Kanalsystems, das die Schlossanlage Schleißheim (siehe Tour 7, Seite 83) mit Wasser aus der Isar versorgt. Anno 1689 wurde es in der Zeit des Kurfürsten Max II. Emanuel gebaut. Bis heute loben Leute vom Fach das landschaftsprägende Baudenkmal als „Kunstwerk von europäischem Rang“ und „Meisterwerk der Ingenieurskunst“.

Unterdessen drehen sich in einiger Entfernung die Rotorblätter von zwei Windrädern ohne Pause. Sie liefern für ein paar Tausend Münchner Haushalte Ökostrom.

21 Jahre nach der ersten Windkraftanlage auf dem Fröttmaninger Berg nahm im Januar 2021 die zweite Windradschwester ihren Betrieb auf. Auf der Deponie Nord-West in Freimann liefert sie zusätzlichen Ökostrom für mehr als 2800 Münchner Haushalte.

Für die Seele

Am Badegelände Garchinger See und am Isar-Schleißheimer Kanal vorbei radeln wir durch die Mittleren Isarauen und lauschen dabei rauschender Wassermusik.

Blumenwiese

Nach 600 Metern folgen wir der Beschilderung nach links Richtung **Isarbrücke Ismaning/Dirnismaning** über die Autobahn 9. Von der Brücke aus lassen wir die Räder gemütlich hinab ins rund 150-Seelen-Dorf **Dirnismaning** rollen. Der merkwürdig klingende Name deutet auf eine Schwesteransiedlung des Nachbarorts Ismaning hin, das „dürre Ismaning".

Name hin oder her, wir biegen links auf die **Münchener Straße** und passieren den Ort. Unmittelbar nach dem Isar-Schleißheimer-Kanal überqueren wir die Münchener Straße und fahren parallel zum Kanal auf einer **Anliegerstraße** (ebenfalls Münchener Straße) mit Schotterbelag. Am kommenden Abzweig halten wir uns links und folgen dem Wegweiser Richtung **Ismaning/Garching.** An der nächsten Straße biegen wir rechts auf den **Auweg** ab. Der bringt uns über den Garchinger Mühlbach, der an die 800 Jahre alt sein soll und einst das Wasserrad einer Mühle antrieb. An Feldern entlang geht es weiter, dann auf einer schmalen Holzbrücke mit Geländer über den Bachlauf der

Gießen in die Mittleren Isarauen und schließlich bis zur verkehrsreichen Bundesstraße 471. Auf der anderen Straßenseite fahren wir in die Auen, dann sofort rechts an einer Parkbucht vorbei, um danach links neben dem Schwabinger Bach her zum **Isar-Radweg** zu gelangen. Wir folgen der Beschilderung Richtung **Forschungsinstitute** und weichen dem Isarufer 4 Kilometer flussabwärts nicht von der Seite.

Immer wieder öffnet sich die grüne Uferbepflanzung und gewährt uns einen freien Blick auf das Wasser. Wir sehen mal größere, dann wieder kleinere Kiesbänke, die den rechten oder linken Uferbereich steinig weiten, manchmal auch als vom Wasser umspülte Inseln inmitten der Isar liegen. Und natürlich ineinander verkeiltes Schwemmholz von unterschiedlicher Dicke und Länge, „nackt“, ohne Rinde. Deutlich vernehmbar sind auch die vielen quer zur Strömung

Die in den Alpen entspringende Isar ist die kühle Ader der bayerischen Landeshauptstadt. Nach seiner streckenweisen Renaturierung hat sich der Fluss mit seinen Kiesbänken, Grünanlagen, Auen, Rad- und Fußwegen zu einem der beliebtesten Ausflugsziele der Münchner gemausert.

Idyllisches Isarufer

Blick auf Isar und Sohlschwelle

Blick auf den Garchinger Bach

verlaufenden **Sohlschwellen,** die eine Tiefenerosion des Wassers verhindern sollen. An einer dieser Schwellen ③ stellen wir die Räder ab, gehen die Böschung hinab, setzen uns ganz nah ans Ufer und lauschen der rauschenden Wassermusik – nicht der von Händel, sondern der der Isar. Welch ein grandioser Sound: von Mutter Natur komponiert, eine Open-Air-Aufführung mit freiem Eintritt!

Kaum steigen wir wieder in die Pedale, leuchten uns von Weitem sichtbar und ab jetzt wiederholt riesige Kolonien von Späten Goldruten mit ihren gelb strahlenden Blüten an. Wunderschön heben sie sich vom umgebenden Grün ab – mal empfängt uns das farbintensive Spektakel auf der einen, dann auf der anderen Seite. Am schönsten aber ist es, wenn die Pflanzen ein dichtes Spalier bilden, das wir mit staunenden Augen durchfahren.

Bald queren wir auf einer Holzbrücke den Garchinger Bach, der hier in die Isar mündet. Wenige

Meter weiter halten wir uns an einer Weggabelung links und gelangen durch eine 180-Grad-Kurve auf einen schmalen Schotterweg – links von Bäumen und Sträuchern, rechts von einem weitläufigen Sonnenblumenfeld gesäumt. Und schon tauchen jenseits der Baumwipfel die ersten Gebäude des Hochschul- und Forschungszentrums Garching vor uns auf. Am Campus fahren wir rechts am künstlich angelegten Wiesäckerbach entlang (und einmal über ihn hinweg). Beim nächsten Abzweig verlassen wir den Wasserlauf nach links und schwenken sofort wieder nach rechts auf die **Ernst-Otto-Fischer-Straße.** Nach 300 Metern tauchen wir nach links in eine lang gezogene Grünanlage ein, die uns weniger an einer Wiese als an einem bunten Meer aus Wildblumenblüten vorbei mit Blick auf den Wetterturm zum Ausgangspunkt unserer Garching-Tour bringt.

Am Ufer der Isar

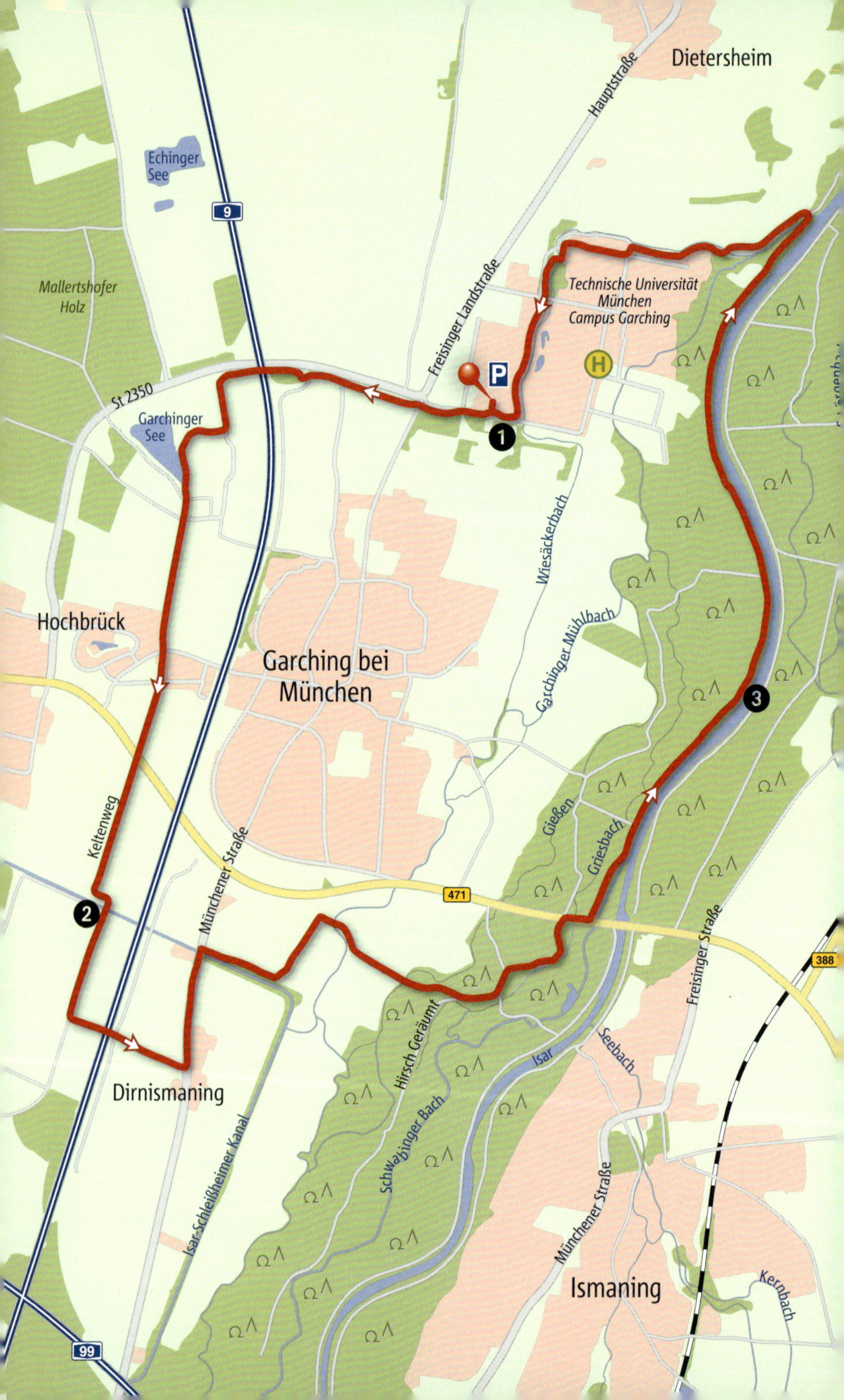

Dietersheim
Hauptstraße
Echinger See
9
Freisinger Landstraße
Mallertshofer Holz
Technische Universität München Campus Garching
H
P
St 2350
Garchinger See
1
Wiesäckerbach
Garchinger Mühlbach
Hochbrück
Garching bei München
3
Keltenweg
Gießen
Griesbach
Münchener Straße
471
2
Freisinger Straße
388
Hirsch Geräumt
Seebach
Isar
Dirnismaning
Schwabinger Bach
Isar-Schleißheimer Kanal
Münchener Straße
Ismaning
Kernbach
99

Alles auf einen Blick

WIE & WANN:
Asphaltierte Nebenstraßen und befestigte Feld- und Waldwege; in Jahren mit mildem Winter ganzjährig befahrbar

HIN & WEG:
Auto: Parkplatz Technische Universität München Garching, Ludwig-Prandtl-Straße, 85748 Garching bei München (GPS: 48.262277, 11.663811)
ÖPNV: U 6, Haltestelle Garching-Forschungszentrum (Fahrradbeförderung in der U-Bahn zu bestimmten Zeiten kostenpflichtig möglich); mit dem Rad über Boltzmannstraße und Ludwig-Prandtl-Straße zum Startpunkt

ESSEN & ENTSPANNEN:
Keine Einkehrmöglichkeit unmittelbar an der Strecke; also Rucksackverpflegung nicht vergessen

Entspannung ★★★★☆
Genuss ★★☆☆☆
Romantik ★★★★☆

Einkehrmöglichkeiten in der Nähe:
Biergarten Mühlenpark, Mühlgasse 48, 85748 Garching bei München, Tel. (0 89) 3 20 49 75, www.biergarten-muehlenpark.de
BL4CK 2 GØLD, Walther-von-Dyck-Straße 8, 85748 Garching bei München, Tel. (0 89) 36 03 71 00, www.bl4ck2gold.de
Garchinger Augustiner, Freisinger Landstraße 4, 85748 Garching bei München, Tel. (0 89) 20 96 67 39, www.garchinger-augustiner.com

ENTDECKEN & ERLEBEN:
Oskar-von-Miller-Turm ❶
Isar-Schleißheimer Kanal ❷
Sohlschwelle ❸

* 40 Kilometer
* 120 Höhenmeter
* 3,5 Stunden
* Rundtour

Der renaturierte Biersee

Wir verlassen den **S-Bahn-Haltepunkt Baldham** in südlicher Richtung auf der **Karl-Böhm-Straße** und durchqueren den Ortsteil **Neubaldham,** der sich nach dem Bau des S-Bahn entwickelt hat. Das zur Gemeinde Vaterstetten gehörige Baldham markiert die Grenze der flachen Münchner Schotterebene zum hügeligen Ebersberger Forst.

Wir kommen zur Bundesstraße 304 (Wasserburger Landstraße), überqueren sie und folgen dem Wegweiser Richtung **Möschenfeld** auf einer namenlosen asphaltierten Straße, die uns geradeaus durch das Waldgebiet Streuhölzer bringt. Nach 1,5 Kilometern entlässt uns der Wald aus seiner schattigen Umarmung. Vor uns liegt wie eine Insel inmitten von Fel-

Auf nach Aying

Wunder und Bier im Südosten

dern die idyllische Siedlung **Möschenfeld,** die aus einem Gutshof mit Scheunen, einigen Wohnhäusern sowie der **Wallfahrtskirche St. Ottilie** ❶ besteht, der wir einen Besuch abstatten.

Das heute zu Grasbrunn gehörige Gut Möschenfeld, erstmals im 9. Jahrhundert urkundlich genannt, entwickelte sich im Lauf der Zeit zur Klosterschwaige (Schwaige ist ein altes bairisches Wort für einen Viehzuchtbetrieb) und unterstand mal dem Jesuitenorden, dann der Verwaltung der Kurfürstlichen Hofkammer und dem Malteserorden. Seit der Säkularisation befindet sich Möschenfeld in Privatbesitz. Die Kirche verblieb hingegen im Eigentum der Kirchenstiftung Möschenfeld und ist der Pfarrei Zorneding unterstellt.

*Die **Wallfahrtskirche St. Ottilie** wurde 1640 auf den mittelalterlichen Mauern einer Kapelle errichtet, die schon im 11. Jahrhundert der heiligen Ottilie geweiht war. Sie bildet das Herz des kleinen Ortes Möschenfeld, der seit 1443 Ziel von Wallfahrten ist.*

Wir durchfahren das kleine Eiland und biegen am Ortsausgang links auf den schottrigen (Achtung: Schlaglöcher!), von Bäumen alleeartig gesäumten **Mühlweg,** kreuzen die Zornedinger Straße und tauchen in das Waldgebiet Im Klett ein. Den ersten Abzweig lassen wir links liegen, an der folgenden Weggabelung halten wir uns links. Ab jetzt folgen wir den Zwischenwegweisern **(grüner Pfeil, grünes Rad auf weißem Grund)** bis zum nächsten Pfeilwegweiser, der uns Richtung **Wolfersberg** lenkt. Kurz danach verlassen wir den Wald, der Schotterweg windet sich in leichtem, aber kontinuierlichem Anstieg zwischen Feldern hindurch zum Weiler **Wolfersberg.** Dort passieren wir die denkmalgeschützte **Kapelle St. Ulrich ②,** die rechter Hand etwas zurückgesetzt liegt (Hausnummer Wolfersberg 3). Die seit 1100 nachweisbare ehemalige Filialkirche stammt in ihrer heutigen Gestalt mit der putzigen Zwiebelhaube aus der ersten Hälfte des 18. Jahrhunderts und befindet sich in Privatbesitz.

Ortsauswärts überqueren wir die Staatsstraße 2081 (Wolfersberger Straße), die Zorneding mit Ober-

Wallfahrtskirche St. Ottilie

Für die Seele

Wir radeln durchs idyllische Möschenfeld und vorbei an Mariengrotten, staunen über ein waschechtes Wunder, uralte Höfe und einen großartigen Alpenblick.

pframmern verbindet, und radeln schnurgerade in ein großes, weitgehend dichtes Waldgebiet hinein. Knapp 2 Kilometer bleiben wir auf dem Hauptweg und ignorieren alle Abzweige. Auf halber Strecke sorgt ein Pfeilwegweiser, der uns Richtung **Oberpframmern** lenkt, für zusätzliche Sicherheit. Schon bald folgt ein zweiter, der uns nun nach rechts Richtung **Niederpframmern** und **Oberpframmern** schickt. Als wir den Wald wieder verlassen, öffnet sich vor uns eine weitläufige Flur mit Feldern und Weiden. In einiger Entfernung sehen wir schon die ersten Dächer von **Niederpframmern.** Verlief die Tour bislang relativ flach, geht es ab jetzt etwas hügeliger zu – im steten Wechsel: erst hinauf, dann wieder hinab.

***Oberpframmern** blickt auf eine über 1200-jährige Geschichte zurück und war bis Ende der 1940er-Jahre mit knapp 400 Einwohnern ein Bauerndorf. Dank Zuwanderung Heimatvertriebener und Einzug von Industrie ist es heute eine moderne Umlandgemeinde.*

Hofladen des Bauernhofs „Die Maierei"

Vom Ortsrand aus bringt uns der **Buchenweg** zur **Dorfstraße,** auf die wir nach rechts abbiegen, um zwei Straßen weiter links in den ansteigenden **Mühlweg** einzuschwenken. Am Ende treffen wir auf die **Glonner Straße,** die uns nach rechts ins Herz **Oberpframmerns** führt – vorbei am Bauernhof **Die Maierei** ❸ samt Hofladen, in dem Biogemüse, Eier und weitere Hofprodukte feilgeboten werden, und an der **Dorfkirche St. Andreas** mit der Turmuhr unter der Zwiebelhaube. Im kleinen Biergarten der Wirtschaft **Zum Neuwirt** ❹ gönnen wir uns eine erfrischende Apfelschorle, danach fahren wir (von der Glonner Straße aus gesehen links) auf der **Egmatinger Straße,** später **Oberpframmerner Straße,** weiter. Nach knapp 2,5 Kilometern erreichen wir das im 11. Jahrhundert erstmals erwähnte **Egmating,** das wir nach rechts auf der **Glonner Straße,** dann links auf der **Schloßstraße** durchfahren. Nach Golfplatz und Sportanlagen geht es halb links auf die **Lindacher Straße** und wenige Meter danach rechts die Straße **Sonnblick** entlang. Geradeaus führt uns ein Wiesenweg weiter, gefolgt von der Straße **Am Geisfeld,** die wir nach rechts auf den **Hafnerweg** verlassen. Nach wenigen Metern biegen wir links aufs **Kaltenbrunner-Geräumt,** auf dem wir den **Egmatinger Forst** durchqueren, zunächst schnurgerade. Nach 1,5 Kilometern erreichen wir eine Wegkreuzung, die wir geradeaus überqueren. Der bisherige Schotterweg mutiert ab jetzt zum Waldweg mit Grasbewuchs, der sich zunehmend verjüngt. Die seitlichen Büsche rücken näher an uns heran, wir halten die Spur, die nach Regentagen aufgeweicht und matschig sein kann. Bald treffen wir auf einen breiteren Querweg, dem wir nach links folgen. Nach einem weiteren Kilometer durch dichten Wald stoßen wir auf den **Mühlweg.** An einem Baum hängt ein **Zwischenwegweiser,** dessen Pfeile nach links und rechts zeigen. Wir entscheiden uns für den rechten Weg.

Am Wegesrand grüßt uns eine kleine hölzerne **Kapelle ⑤,** die eine **Mariengrotte** beherbergt. Einem Schild entnehmen wir, dass die Kapelle zum Gedenken an die „Jungfrau Teresia Pichler Bärhambauerstochter von Aying“ errichtet wurde, die „durch einen Baumschlag den Tot am 1. Dez. 1876 im Alter von

Hölzerne Kapelle am Wegesrand

Mariengrotte

17 Jahren" fand. Sodann folgt erneut eine **Mariengrotte ⑥**, die anlässlich des **„Wunders von Aying"** entstand, das einen Hirten vorm tödlichen Blitzschlag bewahrte. Diesen Platz überragt eine aus einem dicken Baumstamm geschnitzte Figur, die einen Hirten mit Stab und mit einem Schaf auf der Schulter zeigt. Einen Steinwurf weiter liegt rechter Hand ein Laichgewässer (Betreten verboten). Immer wieder springt etwas Grünes vom Wiesenufer ins Wasser. Nach einiger Zeit erkennen wir, dass es Wasserfrösche sind.

1,5 Kilometer nachdem wir auf den Mühlweg abgebogen sind, erreichen wir das idyllische Dorf **Aying,** das hauptsächlich für seine Brauerei bekannt ist. Auf dem **Lindacher Weg** kreuzen wir die Zornedinger Straße und gelangen über die **Untere Dorfstraße** nach links auf die **Münchener Straße,** die uns an jahrhundertealten pittoresken Einfirsthäusern und Höfen (beispielsweise die Häuser Nummer 15, 17 und 19) vorbeiführt. So bringt sie uns ins Zentrum Ayings mit dem höchsten Maibaum Europas und dem **Heimathaus Sixthof ⑦.**

Gleich daneben befinden sich das **Ayinger Bräustüberl** ⑧ mit Biergarten und der **Brauereigasthof Hotel Aying** ⑨ mit gehobener regionaler Küche. Im Letzteren kehren wir ein und lassen uns im malerischen Biergarten kulinarisch verwöhnen. Für Speis und Trank müssen wir zwar mehr berappen als im benachbarten Bräustüberl, dafür schwärmen wir aber noch Tage später von den lukullischen Leckereien, die unsere Gaumen aufs Feinste erfreuten.

Nach gut zwei Stunden heißt es trotzdem Abschied nehmen. Wir radeln 600 Meter die **Münchener Straße** zurück, erneut an den denkmalgeschützten Häusern vorbei. In einer Linkskurve fahren wir geradeaus, erst für wenige Meter auf der **Unteren Dorfstraße,** dann weiter auf dem **Siegertsbrunner Weg** ortsauswärts. Nach dem renaturierten **Biersee** ⑩, der seit Ende 2019 wieder aus dem offen gelegten Dorfgraben gespeist wird, halten wir uns an den nächsten beiden Weggabelungen links und radeln, von Feldern flankiert, direkt auf

Inmitten malerischer Natur liegt die Gemeinde Aying, in der seit rund 140 Jahren Bier gebraut wird. Man kann es im Bräustüberl und im Brauereigasthof kosten. Gleich daneben bietet das Heimathaus Sixthof Einblick, wie die Menschen vor über 200 Jahren gelebt haben.

Das pittoreske Dorf Aying

den **Höhenkirchener Forst** zu. Kurz bevor wir den Waldrand erreichen, genießen wir nach Süden einen wunderbaren **Fernblick** ⑪ auf die Alpen, der bei klarem Wetter einmalig ist. Auf dem **Königs-Geräumt** geht es nun 9 Kilometer schnurgerade durch den Forst, unterwegs überqueren wir die Harthauser Straße. Am Ende knicken wir rechts ab und erreichen nach 600 Metern die **Staatsstraße 2079,** die Oberpframmern mit Putzbrunn verbindet. Die begleiten wir nach links für 100 Meter und wechseln dann hinüber auf die **Ekkehartstraße,** die wir gleich wieder nach rechts auf den **Kirchweg** verlassen. Rund 500 Meter weiter zweigen wir halb links in einen schmalen Waldweg ab, der uns immer geradeaus auf eine asphaltierte Straße bringt. Wir biegen rechts auf sie ein und fahren 200 Meter weiter scharf links. So kommen wir nach **Möschenfeld,** von wo wir auf dem schon bekannten Weg zum Ausgangspunkt zurückradeln.

Brauereigasthof Hotel Aying

Der Biersee

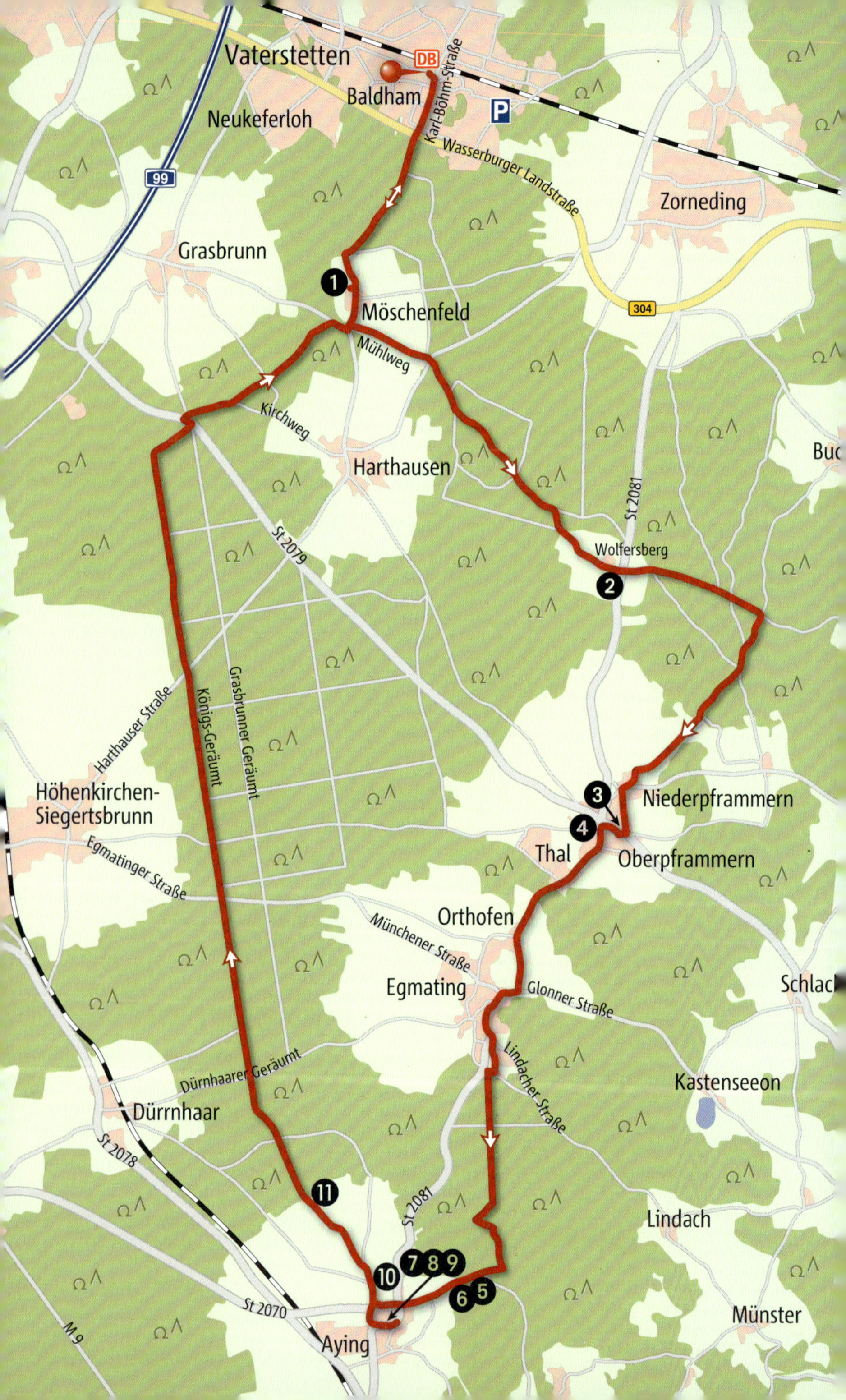

Vaterstetten
DB
Karl-Böhm-Straße
Baldham
P
Neukeferloh
Wasserburger Landstraße
99
Zorneding
Grasbrunn
1
Möschenfeld
304
Mühlweg
Kirchweg
Harthausen
Buc
St 2081
St 2079
Wolfersberg
2
Harthauser Straße
Königs-Geräumt
Grasbrunner Geräumt
Höhenkirchen-
Siegertsbrunn
3
4
Niederpframmern
Egmatinger Straße
Thal
Oberpframmern
Orthofen
Münchener Straße
Egmating
Schlac
Glonner Straße
Lindacher Straße
Kastenseeon
Dürnhaarer Geräumt
Dürrnhaar
St 2078
11
St 2081
Lindach
7 8 9
10
6 5
St 2070
M 9
Aying
Münster

Alles auf einen Blick

WIE & WANN:
Ruhige Nebenstraßen, befestigte Forst- und Wirtschaftswege sowie schmale Waldwege, die nach starken Regenfällen unter Umständen matschig sind; beste Zeit März bis Oktober, auch in trockenen Wintern befahrbar

HIN & WEG:
Auto: Parken im Umfeld des S-Bahn-Haltepunkts Baldham, 85598 Vaterstetten (GPS: 48.098656, 11.787486)
ÖPNV: 4 oder S 6, Haltestelle Baldham (Fahrradbeförderung in der S-Bahn zu bestimmten Zeiten kostenpflichtig möglich)

ESSEN & ENTSPANNEN:
Die Maierei ❸ Glonner Straße 9, 85667 Oberpframmern, Tel. (01 74) 7 24 96 36 (Anna Fritzsche), www.die-maierei.de

Entspannung ✱✱✱✱
Genuss ✱✱✱✱
Romantik ✱✱✱✱

Zum Neuwirt ❹ Egmatinger Straße 2, 85667 Oberpframmern, Tel. (0 80 93) 9 02 53 60, www.zumneuwirt.de
Ayinger Bräustüberl ❽ Münchener Straße 2, 85653 Aying, Tel. (0 80 95) 13 45, www.ayinger-braeustueberl.de
Brauereigasthof Hotel Aying ❾ Zornedinger Straße 2, 85653 Aying, Tel. (0 80 95) 90 65-0, www.brauereigasthof-aying.de

ENTDECKEN & ERLEBEN:
Wallfahrtskirche St. Ottilie ❶
Kapelle St. Ulrich ❷
Kapelle mit Mariengrotte ❺
Mariengrotte „Wunder von Aying" ❻
Heimathaus Sixthof ❼ Münchner Straße 4, 85653 Aying, Tel. (0 80 95) 8 80
Biersee ❿
Fernblick ⓫

Erholungsgebiet Langwieder Seen

- 15 Kilometer
- 20 Höhenmeter
- 1,5 Stunden
- Rundtour

Start und Ziel dieser Tour ist das ehemalige, von der Würm fast vollständig umarmte Jagdschloss Blutenburg im Westen Münchens, das allein schon wegen seiner Grünanlagen einen Ausflug wert ist. Das 1432 erstmals erwähnte Schloss ist neben der Burg Grünwald die einzige mittelalterliche Burganlage, die sich in der unmittelbaren Umgebung von München erhalten hat.

Im Vorbereich der ***Blutenburg*** *erinnert eine Bronzestele von Joseph Michael Neustifter an ein berühmtes Liebespaar: Herzog Albrecht III. und die Badertochter Agnes Bernauer. Weil das Mädchen nicht standesgemäß war, ließ Albrechts Vater sie in der Donau ertränken.*

Vom Parkplatz aus erreichen wir über **Seldweg** und Wassergraben den Vorbereich der malerischen **Blutenburg 1.** Links beeindruckt der Torturm mit seinem Tonnengewölbe, rechts eine den Liebenden gewidmete Bronzeskulptur, die bei näherer Betrachtung viele Details aufweist. Aber auch die spätgotische Schlosskapelle von 1497 sowie die hier angesiedelte Internationale Jugendbibliothek und das Michael-Ende-Museum sind einen Besuch wert.

Wir verlassen das Schlossgelände und überqueren die Pippinger Straße an einer Ampel, fahren an einem Parkplatz entlang und biegen rechts in den **Bertha-von-Suttner-Weg** ein, der uns nach wenigen Metern zur **Bergsonstraße** bringt. Ihr folgen wir nach links auf einem seitlich verlaufenden Radweg. Nachdem wir die Mauer des Waldfriedhofs Obermenzing passiert haben, radeln wir rechts auf die **Mooswiesenstraße.** Sie gibt sich kurz darauf als eine der Fahrradstraßen zu erkennen, von denen es in und um München immer mehr gibt. Und flugs lassen wir die Siedlung hinter uns zurück. Unser Weg ist zunehmend von Wiesen und Feldern flankiert. An einer Weggabelung halten wir

Torturm der malerischen Blutenburg

uns links, überqueren die Straße An der Langwieder Haide und gelangen auf den Weg **Am Aubinger Feld.** Wir kreuzen die mehrspurige Lochhausener Straße und fahren danach links auf die **Berglwiesenstraße,** die uns sicher über die Autobahn 99 bringt. Vor der Brücke springt uns zur Rechten der riesige Gebäudekomplex der **Paulaner Brauerei** ❷ ins Auge. Der vor einigen Jahren eröffnete Standort ist für eine jährliche Produktion von 3,5 Millionen Hektolitern ausgelegt, die bei Bedarf erweiterbar ist. Entsprechend groß sind das Sudhaus sowie die Abfüll- und Logistikhallen.

Nach der Autobahnbrücke biegen wir rechts auf den Weg **Im Stocket** ein, dem wir durch ganz **Langwied** folgen, diesem idyllischen Dorf in der Stadt. Wenige Meter bevor der Weg auf einem Hof endet, drehen wir rechts ab und fahren auf der **Müllerstadelstraße** über die Autobahn 8 hinweg bis zur **Goteboldstraße,** der wir nach links ins **Erholungsgebiet Langwieder Seen** ❸ folgen.

Kaum haben wir die Einfahrt von dessen Parkplatz passiert, kommt zur Linken der **Langwieder See** in Sicht. Münchens zweitgrößter Badesee bietet Badenixen, Wassermännern und Sonnenanbetern alles, was ihr Herz begehrt: Liegewiesen, Grillzonen, Sanitär, Gastronomie und vieles mehr. Einen Katzensprung weiter, lediglich durch eine schmale Landenge davon getrennt, taucht zur Rechten der **Lußsee** auf. Vor allem an den Wochenenden im Sommer stehen beide Seen hoch im Kurs, unter der Woche geht es dagegen deutlich ruhiger zu. Wir legen einen längeren Zwischenstopp ein, nehmen ein kühles Erfrischungsbad, lassen uns anschließend in der Sonne trocknen und unseren Gedanken freien Lauf. Der stete Blick übers wellenlose und blau schimmernde Wasser, das die fantasievollen Wolkengebilde am Himmel spiegelt, beruhigt ungemein. Die Schwerkraft scheint nicht mehr zu existieren, unsere Körper fühlen sich federleicht an. Ein äußerst angenehmes Gefühl.

Doch wenn es am schönsten ist, soll man ja bekanntlich die Party verlassen. Also geht's weiter, zunächst zwischen den beiden Seen hindurch, das **Hotel Restaurant Langwieder See** ④ mit dem einladenden Biergarten lassen wir diesmal links liegen. Danach radeln wir an der Lußseer Uferpromenade mit Kaimauer aus Natursteinquadern samt Kiosk entlang und durch eine endlos scheinende Wiesenlandschaft, über die Hundertschaften Schatten spendender Bäume verteilt sind. Nach wenigen Minuten biegen wir rechts auf den **Moospfarrerweg** ein, der parallel

Den Liebenden gewidmete Bronzeskulptur

Für die Seele

Wir erkunden die Langwieder Seenplatte mit ihren Badeseen, sehen ein Dorf in der Stadt, passieren ein schönes Biotop und treffen auf die idyllische Würm.

Erfrischung garantiert

Radeln durch das Erholungsgebiet

zum Ufer des Birkensees verläuft. Das kleinste Gewässer in diesem Erholungsgebiet ist längst nicht so bekannt wie seine beiden Badeseegeschwister, dafür ist es der unangefochtene Favorit unter Freunden der Freikörperkultur. Hier kann, wer es liebt, nach Lust und Laune nackt baden. Einziger Wermutstropfen: Der Birkensee grenzt unmittelbar an die Autobahn A 99, was für einen durchaus vernehmbaren Geräuschpegel sorgt. Und noch eins: Fotografen oder Handykameras sind dort nicht gerade gern gesehen – verständlich in Zeiten sozialer Medien.

Wir verlassen die Seenplatte über den gekiesten Moospfarrerweg, der nach Überqueren des Langwieder Bachs neben einer Bahntrasse entlangführt – links von einer baumreichen Böschung und rechts von einem goldgelben Getreidefeld flankiert. Später mündet er in die Müllerstadelstraße. Bei der nächsten Möglichkeit biegen wir nach links auf den Weg Auf der Allmende, der uns über die A 99 bringt.

Wir folgen nun der Straße Am Lochholz, an der sich rechter Hand der sogenannte Allacher Streuobstweg 5

Der Begriff ***Allmende*** *bezeichnete im Mittelalter ein Stück Land, das zu einem Dorf gehörte und von den ortsansässigen Bauern genutzt werden durfte. Beispielsweise um Vieh darauf weiden zu lassen. Die Allmende war eine frühe Form von Gemeinschaftseigentum.*

Allacher Streuobstweg

befindet. Seine Bäume wurden vor knapp 20 Jahren gepflanzt, die Gehölzpflege obliegt dem Gartenbauverein Allach-Untermenzing. Streuobstwiesen waren jahrhundertelang die traditionelle Art des Obstanbaus. Im 19. Jahrhundert standen sie noch im Umkreis vieler Dörfer und versorgten die Ortsansässigen mit frischem Obst. Im 20. Jahrhundert wurden sie fast vollständig zugunsten effizienterer Anbauarten verdrängt. Mittlerweile zählen Streuobstwiesen oder auch, wie in diesem Fall, Streuobstwege zu den am stärksten gefährdeten Biotopen Mitteleuropas. Umso wichtiger und schöner, dass hier wieder einer angelegt worden ist.

In einem Rechtsbogen fahren wir am Siedlungsrand von **Allach** vorbei auf die **Rudorffstraße.** Auf der

Zum Trockenbiotop umgestaltete Kies-Trasse

linken Seite rollt gemächlich das Landschaftsschutzgebiet Lochholz vorbei, der zwar spärliche, dennoch schöne Rest eines Eichen-Hainbuchen-Waldes, der sich früher als dichter Lohwaldgürtel um den Münchner Norden schwang. Wo das Waldstück endet, fängt auf der gegenüberliegenden Seite die zum Trockenbiotop umgestaltete **Kies-Trasse** 6 an. Dabei handelt es sich um die sichtbaren Reste einer unvollendeten Reichsautobahn, deren Bau im Zweiten Weltkrieg ausgesetzt wurde und die danach jahrelang sich selbst überlassen blieb. Heute ist die Trasse Lebensraum für Mensch und Natur. Nicht nur die Einheimischen, auch Goldammer und seltene Schmetterlinge fühlen sich hier überaus wohl.

Wir fahren weiter geradeaus auf der **Naglerstraße** bis zur **Lauthstraße,** auf der wir links bis zum **Gasthaus zur Schießstätte** 7 kommen. Früher war sein Biergarten einmal der Wirtsgarten der Königlich Privilegierten Feuerschützengesellschaft. Seit der Übernahme

Immer wieder lädt uns der Uferbereich mit malerischen Plätzen zum Verweilen ein

durch die Brauerei Kaltenberg ist er wieder für alle frei zugänglich.

Wir drehen nach rechts auf die **Servetstraße** ab, queren den Paul-Ehrlich-Weg und fahren in die **Behringstraße** ein. Diese ruhige Straße, die zwischen Nigglstraße und Waldfriedhof Untermenzing Anliegern vorbehalten ist, führt uns knapp 2,5 Kilometer an der Würm entlang – mal näher, mal weiter entfernt, aber weitgehend idyllisch. Immer wieder lädt uns der Uferbereich mit malerischen Plätzen zum Verweilen ein.

Schließlich stoßen wir auf die viel befahrene **Mühlangerstraße,** die wir an einer Ampel überqueren. Auf der anderen Seite geht es nach links über die ebenfalls beampelte Pippinstraße, worauf wir nach rechts in den Grünzug neben dem **Biergarten Inselmühle** (8) eintauchen – mit der Würm als treuer Begleiterin.

Die Grünanlage entlässt uns auf den **Widweg.** Wir stoßen auf die **Dorfstraße.** Hier befindet sich neben der Pfarrkirche **St. Georg** der **Gasthof Zum Alten Wirt von Obermenzing** 9 mit seinem urigen Biergarten. In früheren Zeiten war der „Alte Wirt“ das größte Bauerngut weit und breit. Das ist inzwischen nicht mehr der Fall. Doch die heutige Wirtsfamilie Schlegel zelebrierte Ende Juni 2017 die 600-jährige urkundliche Erstnennung des Wirtshauses mit einem zünftigen Festwochenende.

Wir wechseln auf die andere Seite der Würm. Die **Dorfstraße** und dann nach einem Rechtsabzweig die Straße **An der Würm** bringen uns zum Ausgangspunkt unserer Tour zurück. Schnell die Räder auf den Träger gehievt und die Radtaschen verstaut – denn die Einkehr in der **Schlossschänke Blutenburg** 10 steht auf dem Programm. Ein Tisch auf der Sonnenterrasse am großen See ist seit Tagen reserviert.

*Der **Alte Wirt von Obermenzing** ist das älteste Gasthaus auf heutigem Münchner Stadtgebiet. Laut einer Urkundenaufstellung von 1676 wechselte er im Jahr 1417 den Besitzer. Sein heutiges Erscheinungsbild ist nahezu unverändert das von 1589/90.*

Gasthof Zum Alten Wirt von Obermenzing

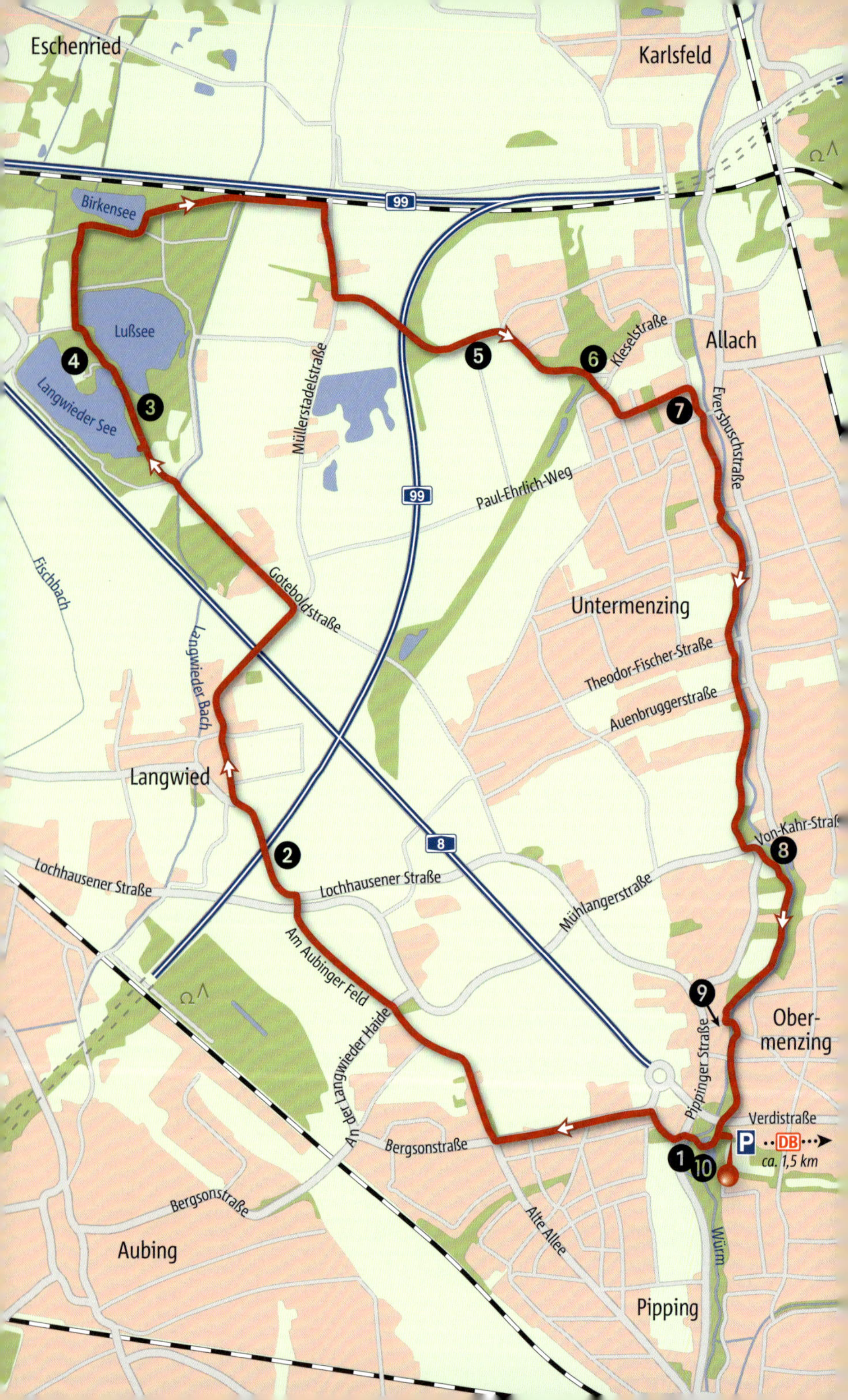

Eschenried
Karlsfeld
Birkensee
99
Lußsee
Langwieder See
Müllerstadelstraße
Kieselstraße
Allach
Eversbuschstraße
Paul-Ehrlich-Weg
Fischbach
Goteboldstraße
Untermenzing
Theodor-Fischer-Straße
Auenbruggerstraße
Langwieder Bach
Langwied
8
Von-Kahr-Straße
Lochhausener Straße
Lochhausener Straße
Mühlangerstraße
Am Aubinger Feld
An der Langwieder Haide
Pippinger Straße
Ober-
menzing
Verdistraße
DB
ca. 1,5 km
Bergsonstraße
Bergsonstraße
Aubing
Alte Allee
Würm
Pipping

Alles auf einen Blick

WIE & WANN:
Asphaltierte Nebenstraßen und Radwege; ideal während der Badesaison, aber ganzjährig möglich, selbst wenn die Biergärten Winterschlaf halten

HIN & WEG:
Auto: Parkplatz am Seldweg, 81247 München (GPS: 48.164045, 11.458594);
alternativ: Bertha-von-Suttner-Weg, 81247 München (GPS: 48.164097, 11.455884)
ÖPNV: S 2, Haltestelle Obermenzing (Fahrradbeförderung in der S-Bahn zu bestimmten Zeiten kostenpflichtig möglich); mit dem Rad via Verdistraße zur Blutenburg

ESSEN & ENTSPANNEN:
Hotel Restaurant Langwieder See ❹ Kreuzkapellenstraße 89, 81249 München, Tel. (0 89) 86 48 60, www.langwiedersee.de
Gasthaus zur Schießstätte ❼ Servetstraße 1, 80999 München, Tel. (0 89) 39 94 82, www.allacher-schiessstaette.de
Biergarten Inselmühle ❽ Von-Kahr-Straße 87, 80999 München, Tel. (0 89) 8 10 10, www.inselmuehle-muenchen.com
Gasthof Zum Alten Wirt von Obermenzing ❾ Dorfstraße 39, 81247 München, Tel. (0 89) 8 11 15 90, www.alter-wirt-obermenzing.de
Schlossschänke Blutenburg ❿ Seldweg 15, 81247 München, Tel. (0 89) 8 11 98 08, www.schlossschaenke-blutenburg.de

ENTDECKEN & ERLEBEN:
Blutenburg ❶
Paulaner Brauerei ❷
Erholungsgebiet Langwieder Seen ❸
Allacher Streuobstweg ❺
Kies-Trasse ❻

Entspannung ★★★★☆
Genuss ★★★★★
Romantik ★★★★☆

Poschinger Weiher

- 41 Kilometer
- 60 Höhenmeter
- 3,5 Stunden
- Rundtour

Wir starten am **Bahnhof Johanneskirchen,** den wir an einem Kiosk vorbei nach links auf die **Musenbergstraße** verlassen, um gleich wieder rechts auf die Johanneskirchner Straße abzubiegen. Nach zwei, drei Minuten – wir haben das urige Wirtshaus **Dicke Sophie** ❶ auf der rechten und die **Kirchenburg St. Johann Baptist** ❷ auf der linken Seite passiert – entlässt uns der dicht besiedelte Ortskern in sein ländliches Umland.

Wir folgen der Straße, die nach dem Ortsende **Aaröstraße** heißt, immer weiter geradeaus, auch über die abknickende Vorfahrt hinaus. Nach der Linkskurve nimmt uns die **Apenrader Straße** auf. Wenige Hundert Meter später folgen zwei Weggabelungen. An der ersten fahren wir rechts, an der zweiten links und sind nun auf der Straße **Im Moosgrund** unterwegs.

Nach knapp 500 Metern biegen wir rechts in einen schmalen asphaltierten Weg ein, der uns nach einer Linkskurve am Hüllgraben, einem künstlich angelegten Wasserlauf, entlangführt. Er bringt uns zum **Abfanggraben** ❸ des Ismaninger Speichersees, dessen Ostbecken wir noch umradeln werden.

Dem Abfanggraben folgen wir linksseitig auf einer Strecke von 8 Kilometern. Zunächst fahren wir am **Golfpark München-Aschheim** vorbei, überqueren sodann die Ismaninger Straße (B 471) an einem Kreisverkehr und unterqueren kurz darauf die Autobahn 99. Oberflächlich betrachtet wirkt dieser Streckenabschnitt ziemlich monoton: Zur Rechten verläuft eine Böschung aus Bäumen und Sträuchern, die uns mit wenigen Un-

*Die romanische **Kirche St. Johann Baptist** stammt aus dem 13. Jahrhundert und liegt wie eine Insel am Straßenrand. Das von einer geschlossenen Ringmauer umgebene Gotteshaus wurde als Kirchenburg gebaut und diente auch als Wehranlage und Zufluchtsstätte.*

*Der **Abfanggraben** ist ein künstliches Gewässer, das zusammen mit dem Mittleren Isarkanal zwischen 1920 und 1929 gebaut worden ist, um den Grundwasserspiegel im Münchener Nordosten zu regulieren. Heute ist der Graben ein Paradies für Flora und Fauna.*

Abfanggraben des
Ismaninger Speichersees

terbrechungen den Blick auf den Abfanggraben verwehrt, zur Linken begleiten uns fast durchgängig unterschiedlich bepflanzte Felder. Gleichwohl radeln wir durch ein kleines Paradies. Das Wasser des Abfanggrabens, das auch von Quellen gespeist wird, ist glasklar, immer kalt und von sehr guter Qualität. Ideale Lebensbedingungen für Fische, Wasservögel und Wasserpflanzen, die sommers teilweise großflächig darauf wachsen. Im Graben sehen wir immer wieder Bach- und Regenbogenforellen. Und am Wegesrand gedeihen auf den Feucht- und Streuwiesenstreifen Labkraut-Wiesenraute, Prachtnelken mit ihren hüb-

Für die Seele

Wir radeln durch Felder, Wiesen und Auen am Ismaninger Speichersee und an der Isar, vorbei an Biotopen, Vogelparadiesen und einem beschaulichen Weiher.

schen lilafarbenen Blüten und der kugelige Duft-Lauch am langen Stiel.

Wir kommen an eine Querstraße, die ein Wegkreuz zwischen zwei Birken mit einer Bank davor ziert, und biegen nach rechts auf eine Brücke, die über den Abfanggraben führt. Gleich dahinter geht es nach links auf die **Speicherseestraße.** Ein Schild weist uns den Weg zum nächsten Etappenziel: der **Finsinger Alm.**

*Der **Ismaninger Speichersee** ist ein Stausee, der aus dem Mittleren Isarkanal gespeist wird. In diesem Vogelparadies lassen sich etwa Haubentaucher, Reiher- und Kolbenenten, Blässhühner, Lachmöwen, Kormorane, Höckerschwäne und Silberreiher beobachten.*

Über die **Landshamer Brücke** erreichen wir den von Bäumen, Sträuchern und Wildblumen bewachsenen **Mitteldamm,** der den **Ismaninger Speichersee** in ein West- und Ostbecken teilt, und überqueren nun sozusagen trockenen Fußes das Gewässer. Gleich zu Beginn liegt in Ufernähe eine kleine Insel, auf der man mit etwas Glück Kormorane beim Sonnenbaden beobachten kann.

Auf der Nordseite des Speichersees halten wir uns halb links und rollen zum **Almweg** hinunter, dem wir bis zur **Finsinger Alm** 4 folgen. Deren kleiner Biergar-

Ismaninger Speichersee mit kleiner Kormoraninsel

Finsinger Alm

ten (bitte Öffnungszeiten prüfen!) heißt uns auf ein Erfrischungsgetränk willkommen.

Danach geht es weiter den **Almweg** entlang, der jenseits der querenden Eicherloher Straße in den von wenigen Häusern gesäumten **Hasenweg** übergeht. Am Ende biegen wir rechts auf den **Kirchenweg** und passieren nach 400 Metern den **Finsinger Weiher** 5 einen Badesee mit Liegewiesen und Kiosk. Nach weiteren 500 Metern biegen wir rechts auf den Weg **Am Bachableiter** ein, der uns, seitlich vom Viertelbach begleitet, nach **Neufinsing** bringt. Kurz nach dem Ortsschild folgen wir der **abknickenden Vorfahrtstraße,** verlassen sie nach wenigen Metern wieder nach links in die **Seestraße** und kreuzen den **Mittleren Isarkanal.**

An die nächste Kreuzung schließt sich eine kleine Grünfläche an. Dort steht die 1911 erbaute **Dorfkapelle** 6, welche die Mitte Finsings markiert.

Wir biegen rechts in die **Bayernwerkstraße,** die uns über einen Autohof – links eine Garagenzeile, rechts Stellplätze – auf den Weg **Am Vorfluter** bringt. Am Ende schwenken wir rechts auf einen Querweg **(Neubruch)** ein, der uns nach wenigen Metern links auf einen Feldweg entlässt. Dem folgen wir knapp 2,5 Kilometer, an den futuristisch anmutenden Kuppeln der Bio-

*Der **Mittlere Isarkanal** verläuft erst parallel zur Isar, zweigt hinter Unterföhring ab und mündet – 64 Kilometer später, 109 Meter tiefer – in Landau wieder in die Isar. Er passiert sieben Kraftwerke, die sein Gefälle nacheinander zur Stromgewinnung nutzen.*

Wasserkraftwerk am Mittleren Isarkanal

Die beiden Becken des Speichersees sind ein geschütztes Feucht- und Rückzugsgebiet für Vögel. Zugleich sind sie der Lebensraum zahlreicher Libellen, Frösche und Fischschwärme. Auf dem Mitteldamm und den seitlichen Deichen gedeihen auch Wildblumen.

gasanlage Pliening vorbei, bis zur **Speicherseestraße** und der **Landshamer Brücke.** Nun fahren wir links ein kleines Stück des Hinwegs bis zum Wegkreuz zurück, biegen dort allerdings nicht ab, sondern radeln weiter geradeaus, vorbei an den von Bäumen verdeckten ehemaligen Fischteichen des Speichersees zur Rechten, an einem Landschaftsschutzgebiet mit Reiherwiesen und Biotop zur Linken.

Wir erreichen die Bundesstraße 471 (Ismaninger Straße) und radeln nach einer Linkskurve zu einem Kreisverkehr, über den wir die 471 unterqueren. Auf der anderen Seite ein Stück rechts erwartet uns das **Restaurant Birkenhof** 7 mit ansprechender Sommerterrasse. Hier biegen wir links auf die **Birkenhofstraße** ab, der wir 3 Kilometer treu bleiben. Am Ende fahren wir unter der A 99 hindurch und überqueren unmittelbar danach rechts den Mittleren Isarkanal. Wir folgen der **Bauhofstraße,** die den Ortsrand von **Unterföhring** flankiert, kreuzen die stark befahrene Münchner Straße und stoßen nach 300 Metern auf den **Poschinger Weiher 8** inmitten der malerischen Isarauen. Im beschaulichen Badesee, der im Sommer längst nicht so überlaufen ist wie andere Seen und Weiher in und um München, liegt eine kleine Vogelschutzinsel. Die darf man zwar nicht betreten, dafür bietet sie aber gelegentlich flatternde Schauspiele der tierischen Art. Einkehren kann man in der **Seewirtschaft 9**, einer einladenden Gaststätte mit schattigem Biergarten.

Wir erreichen die Isar, wenden uns nach rechts und folgen den Wegweisern Richtung **Englischer Garten/Marienplatz.** Der für Fußgänger und Radfahrer ausgelegte **Isarsteg Unterföhring** bringt uns über den Fluss. Nach der Brücke biegen wir sofort wieder nach links und tauchen in die so wunderbar grünen Auen ein. Muße und Erholung haben hier ihr Zuhause! Auf

Kiesbänke und Landzungen an der Isar laden zum Verweilen ein

Bronzestatue des Heiligen Emmeram

dem Hauptweg rollen wir entspannt durch diese Oase, mal näher, mal ferner am Schwabinger Bach entlang, und gelangen über die **Floriansmühlstraße** und dann links die **Sondermeierstraße** zum **Aumeister 10,** einer beliebten Wirtschaft mit riesigem Biergarten für 2500 Gäste.

Wir umfahren das Lokal in einem großen Bogen auf der linken Seite, halten uns nach einer Brücke über den Schwabinger Bach links und folgen dem grün-weißen Radwegweiser Richtung **St. Emmeramsmühle.** Libellenteich und Entenfallweiher bleiben rechts liegen, dazwischen wird der Oberstjägermeisterbach überquert. Nach wenigen Hundert Metern treffen wir auf die Isar, überqueren sie, fahren nach der Brücke rechts, kurz darauf links über den Mittleren Isarkanal – und schon sind wir an der historischen **St. Emmeramsmühle 11,** heute ein idyllisch gelegenes Restaurant mit gemütlicher Stube und schönem Biergarten. Nach dem Lokal fahren wir rechts auf der Straße **Sankt Emmeram,** die uns zur Oberföhringer Straße hinaufführt. Die Steigung hat es in sich, sodass wir absteigen und den Hang hinauf schieben. Oben überqueren wir die **Oberföhringer Straße,** halten uns links und biegen sogleich wieder rechts auf die **Johanneskirchner Straße,** die uns schnurstracks zur **Freischützstraße** bringt. Wir schieben die Räder an einer Ampel auf die andere Seite, radeln auf dem begleitenden Radweg links zu einer weiteren **Johanneskirchner Straße,** unterqueren auf ihr rechts die Bahngleise und landen wieder rechts auf der **Musenbergstraße,** von der aus wir 41 Kilometer zuvor gestartet sind.

Wasserfall am Oberstjägermeisterbach

Ismaning
Isar
Ismaninger Speichersee
Mittlerer Isarkanal
Finsinger Weiher
Hasenweg
Kirchenweg
Almweg
Neu-
finsing
St 2082
Weidachweg
Landsham
Moos
Pliening
Landsham
Abfanggraben
Kirchheim
bei München
Heimstetten
Aschheim
Östliche Umgehungsstraße
Feringa-
see
Unterföhring
Münchner Straße
Freisinger Landstraße
Schwabinger Bach
Föhringer Ring
M 3
Im Moosgrund
Lebermoosweg
Johanneskirchner Straße
Ober-
föhring
Johannes-
kirchen
Effnerstraße
Cosimastraße
DB
P
471
388
9
99

Alles auf einen Blick

WIE & WANN:
Asphaltierte Nebenstraßen, Rad- und Feldwege, teilweise Schotterbelag; am schönsten April bis November, auch in schneefreien Wintern möglich

HIN & WEG:
Auto: Parkplatz am S-Bahnhof Johanneskirchen, Musenbergstraße, 81929 München (GPS: 48.168380, 11.646308)
ÖPNV: S 8, Haltestelle Johanneskirchen (Fahrradbeförderung in der S-Bahn zu bestimmten Zeiten kostenpflichtig möglich)

ESSEN & ENTSPANNEN:
Dicke Sophie ❶ Johanneskirchner Straße 146, 81929 München, Tel. (0 89) 95 95 36 34, www.dicke-sophie.de
Finsinger Alm ❹ Almweg 38, 85464 Finsing, Tel. (0 81 23) 98 89 00, www.finsingeralm.de
Restaurant Birkenhof ❼ Ismaninger Straße 263, 85609 Aschheim, Tel. (0 89) 94 38 72 19, www.aschheim-birkenhof.de
Seewirtschaft ❾ Am Poschinger Weiher 50, 85774 Unterföhring, Tel. (0 89) 95 00 16 06, www.seewirtschaft-ufg.de
Aumeister ❿ Sondermeierstraße 1, 80939 München, Tel. (0 89) 1 89 31 42-0, www.aumeister.de
St. Emmeramsmühle ⓫ St. Emmeram 41, 81925 München, Tel. (0 89) 95 39 71, www.emmeramsmuehle.de

ENTDECKEN & ERLEBEN:
Kirchenburg St. Johann Baptist ❷
Abfanggraben ❸
Finsinger Weiher ❺
Dorfkapelle Finsing ❻
Poschinger Weiher ❽

Entspannung ★★★★☆
Genuss ★★★★★
Romantik ★★★★☆

Herrliche Kulisse

- 42 Kilometer
- 60 Höhenmeter
- 4 Stunden
- Rundtour

Grüne Bezirke

Große Rundfahrt durch München

Wer München bisher nur durch die Brille touristischer Hotspots betrachtet hat, lernt die Stadt und ihre Bezirke auf dieser Tour von einer überwiegend grünen Seite kennen. Dazu schlagen wir einen großen Bogen vom nördlichsten Punkt des Englischen Gartens über den Hinterbrühler See im Süden, an Schloss Nymphenburg vorbei und durch den Olympiapark zurück zum Aumeister am Schwabinger Bach. Eine große Runde durch die Stadt, die viele Sehenswürdigkeiten, Bade- und Einkehrmöglichkeiten im Angebot hat.

Los geht's am **Aumeister,** einem unter Münchnern sehr beliebten Restaurant mit großem Biergarten, den wir nach Süden über den Schwabinger Bach und eine Wegkreuzung hinweg nach links verlassen. Nach zwei Weggabelungen, wir halten uns jeweils links, kommen wir erst am etwas abseits des Wegs liegenden Libellenteich, dann am Entenfallweiher vorbei – zwei idyllisch gelegene Plätze, die mit einem natürlichen Ambiente aufwarten. Beim nächsten Abzweig fahren wir rechts, folgen nun der Beschilderung **Hölzerner Steg,** auch St.-Emmeram-Brücke genannt, in Richtung **St. Emmeramsmühle.**

Nachdem wir die Isar auf der überdachten Brücke überquert haben, biegen wir rechts auf die **Mittlere-Isar-Straße** Richtung **Wolfratshausen/Stauwehr Oberföhring** und radeln entspannt durch den herrlich grünen Auwald mit seinen vielen, teils sehr alten Bäumen. Wir befinden uns auf der **Isarinsel Oberföhring** **1** zwischen Fluss und Mittlerem Isarkanal, die wir am Ende

*Die **Isarinsel Oberföhring** erstreckt sich vom Stauwehr Oberföhring bis zur Herzog-Heinrich-Brücke. Das rund 22 Hektar große, mit alten Bäumen bestandene Freizeitgelände wurde 1976 bis 1978 angelegt. Zuvor gehörte der Grund der Bayernwerk AG.*

nach links über eine Brücke und danach erneut nach links auf die **Mauerkircherstraße** verlassen.

Bei der nächsten Möglichkeit biegen wir rechts auf die Straße **Grüntal,** queren später wiederum die Mauerkircherstraße und gelangen über den **Max-Halbe-Weg** auf Höhe des Stauwehrs Oberföhring links auf die **Heinrich-Mann-Allee.** Die fahren wir 2,3 Kilometer schnurgerade isaraufwärts und unterqueren den Isarring (Mittlerer Ring). Kurz vor der Max-Joseph-Brücke geht's links auf den **Kufsteiner Platz,** dann rechts auf die **Mauerkircherstraße.** Nachdem wir die Montgelasstraße (Achtung: viel Verkehr!) überquert haben, geht es weiter auf einem **Rad-/Fußweg** die Isar entlang. Nach einem kleinen Teich, der wegen seiner Form Achtersee heißt, überqueren wir die Prinzregentenstraße an der Luitpoldbrücke. Zur Linken sehen wir die **Prinzregent-Luitpold-Terrasse** ❷ mit dem Friedensengel, der im Sonnenlicht prachtvoll glänzt.

Das Zentrum der Maximiliansanlagen, die sich als idyllische Park- und Grünfläche zwischen Ludwigsbrücke und Max-Joseph-Brücke präsentieren, ist die ***Prinzregent-Luitpold-Terrasse*** *mit schönem Springbrunnen und dem goldglänzenden Friedensengel in 38 Meter Höhe.*

Zu Füßen des Maximilianeums, seit 1949 Sitz des Bayerischen Landtags, unterqueren wir die Maximiliansbrücke und passieren auf dem **Meillerweg** den

Prinzregent-Luitpold-Terrasse mit Friedensengel

Müller'sches Volksbad

Kabelsteg. An dieser Stelle bietet sich uns ein wunderschöner Blick auf die **Lukaskirche 3,** wegen ihrer Kuppel und Türme auch „protestantischer Dom" genannt. Hier halten wir kurz inne, um die herrliche Kulisse in aller Ruhe und intensiv auf uns wirken zu lassen. Nach dem **Biergarten am Muffatwerk 4** erreichen wir das **Müller'sche Volksbad 5**. Der neubarocke Jugendstilbau ist mit seinem weißen Uhrenturm und der gelb leuchtenden Fassade ein echter Hingucker. Bis heute gehört das Hallenbad mit Sauna zu den schönsten Badehäusern in Europa. Ein Besuch wäre lohnend, doch wir wollen heute vor allem Rad fahren …

Für die Seele

Auf meist ruhigen Wegen lernen wir viele Parks und Grünanlagen Münchens kennen, auch reichlich Sehenswürdigkeiten, Badeplätze und Einkehrmöglichkeiten.

1903 gegründet, zählt das ***Deutsche Museum*** *zu den traditionsreichsten und mit sagenhaften 66.000 Quadratmetern Ausstellungsfläche auch zu den größten Wissenschafts- und Technikmuseen der Welt. An seinem markanten Turm befindet sich das größte Thermometer Deutschlands.*

So tunneln wir die Ludwigsbrücke und mit ihr die Rosenheimer Straße und fahren auf dem Radweg entlang der **Zeppelinstraße** am **Deutschen Museum** **6** vorbei. Einen Steinwurf entfernt liegt das gemütliche **Wirtshaus in der Au** **7**.

Wir begleiten die Isar weiter, zunächst auf der **Eduard-Schmid-Straße,** passieren erst die Cornelius-, dann die Reichenbachbrücke. Danach radeln wir – von der anderen Flussseite grüßen uns die beiden viereckigen Türme der Kirche St. Maximilian – in Ufernähe durch die ansprechend gestalteten **Frühlingsanlagen,** einen Park im Stadtteil Au, und lassen die Wittelsbacherbrücke rechts liegen.

Nach 4 weiteren Radlkilometern parallel zur Isar – vorbei am **Rosengarten,** durch die Flaucher-Auen und am **Tierpark Hellabrunn** entlang – erreichen wir die Marienklausenbrücke, an der links die 1866 erbaute **Kapelle Marienklause** **8** am Fuß der Hochleite steht. Davor liegt ein Gärtchen mit Kreuzweg und Steinaltar. Ein friedliches Plätzchen, an dem man ein wenig innehalten und neue Kraft schöpfen kann.

Blick über Zenneckbrücke aufs Deutsche Museum

Kirche St. Maximilian

Bertschbrunnen am Schleusenwärterhäuschen

Wir überqueren die beiden Brücken über Isar und Isarwerkkanal und biegen am pittoresken **Schleusenwärterhäuschen** nach links. Etwas seitlich vor dem Haus steht der **Bertschbrunnen** 9, benannt nach dem Architekten und Städtischen Baurat Wilhelm Bertsch (1865–1916). An den zwei Einlaufrohren des Holztrogbrunnens können Passanten seit 1906 Trinkwasser direkt aus der städtischen Wasserleitung genießen.

Wir kommen zum **Hinterbrühler See** und fahren an seinem rechten Ufer entlang. Kurz darauf stehen wir nach Überqueren des Ländkanals am **Gasthof Hinterbrühl am See** 10 mit schöner Terrasse. Nach 16 Kilometern heißt es jetzt: Brotzeit!

Wir verlassen die Einkehr links auf die **Zentralländstraße,** von der wir nach wenigen Metern links auf den schmalen **Hinterbrühler Weg** wechseln. Er leitet uns durch den **Hinterbrühler Park,** am Grün des Münchner Golf Clubs vorbei – mal links, mal rechts vom Maria-Einsiedelbach eskortiert – zur **Benediktbeurer Straße.** Links liegt das malerische **Asamschlössl** 11 mit seiner durch Fresken wunderschön verzierten Fassade. Einst war es das Landhaus der Brüder Asam, der barocken Ausnahmekünstler, heute ist es eine bayerische Gastwirtschaft und Eventlocation.

An einem Zebrastreifen queren wir die Maria-Einsiedel-Straße und tauchen gegenüber in den **Gierlinger Park** ein, den wir nach 200 Metern rechts auf den **Kirchweg** verlassen. Der verjüngt sich im weiteren Verlauf, bis wir inmitten des alten Dorfkerns von Thalkirchen die **Wallfahrtskirche St. Maria Thalkirchen ⑫** antreffen. Ihren Innenraum schmücken Hauptwerke spätmittelalterlicher Kunst in Oberbayern, aber auch Rokoko-Ausstattung – wirklich sehenswert!

Wir radeln geradeaus durch die **Emil-Geis-Straße,** an deren Ende wir die Straße Greinerberg überqueren und halb links in eine Grünanlage fahren. Dort halten wir uns rechts – erst an Wohnhäusern, dann an Schrebergärten vorbei. Nach Überquerung der Bru-

Hinterbrühler See

Ruhmeshalle mit Bavaria

dermühlstraße, der Hauptverkehrsader im Stadtbezirk Sendling, radeln wir links und ziehen einen großen Bogen – hier geht es bergauf – um Sportanlagen herum. So landen wir unterhalb des Harras auf dem **Kidlerplatz.** Dann geht's links auf der **Kidlerstraße** zur **Lindwurmstraße.** Wir rollen rechts zu einer Kreuzung hinunter, um links in die **Bavariastraße** einzubiegen. Nach einer Unterführung wenden wir uns erneut nach links und steigen kräftig in die Pedale, denn wir müssen eine Anhöhe hinauf. Oben halten wir uns rechts und durchfahren eine Fußgängerunterführung. Die **Theresienhöhe** entlang kommen wir zur **Ruhmeshalle mit Bavaria** **13** mit Blick auf die Theresienwiese.

Weiter geht's, die Bavaria im Rücken, auf der **Theresienhöhe** am Alten Messeplatz vorbei zur Ecke **Gollier-**

Schloss Nymphenburg

straße. An der Ampel biegen wir links ab, um bei der nächsten Möglichkeit rechts auf die **Schießstättstraße** zu schwenken. Es schließt sich die **Holzapfelstraße** an (das letzte Stück benutzen wir eine Einbahnstraße gegen die Richtung, müssen also schieben), an deren Ende wir kurz rechts auf die **Landsberger Straße** radeln. An der nächsten Ampel überqueren wir sie und kommen auf die **Grasserstraße,** die uns über die **Hackerbrücke** zur Arnulfstraße bringt. Von der Brücke haben wir einen guten Blick auf das Gleisvorfeld des Hauptbahnhofs. Die nächsten 2,5 Kilometer folgen wir stadtauswärts (nach links) der **Arnulfstraße,** mit städtischem Verkehr „at its best" – aber da müssen wir jetzt durch.

Am **Steubenplatz** haben wir es geschafft – wir überqueren die Arnulfstraße und durchfahren den Park **Hirschgarten,** links an einem kleinen Teich vorbei, bis zur **De-la-Paz-Straße.** Wir biegen rechts ab und stoßen auf die **Hirschgartenallee,** die uns an der **Schlosswirtschaft Schwaige** (14) vorbei zum **Schloss Nymphenburg**

Die 18 Meter hohe Bronzestatue ***Bavaria*** *stellt die symbolische Verkörperung des Staates Bayern dar. Dahinter steht die* ***Ruhmeshalle****, eine Säulenhalle mit Marmorbüsten bedeutender Bayern, wobei sich unter den mehr als 100 Ausgezeichneten allerdings nur vier Frauen finden.*

führt. Jahrhundertelang war es die Sommerresidenz des bayerischen Herrscherhauses der Wittelsbacher. Das Schloss und sein Park sind eine Augenweide, nicht zuletzt das große Parterre mit der Wasserfontäne.

Über die **Nördliche Auffahrtsallee** verlassen wir das Rondell und biegen nach Überquerung der Menzinger Straße erst links auf die **Tintorettostraße,** dann rechts auf die **Zamboninistraße** ein. An der Nederlinger Straße wechseln wir auf die andere Seite des schmalen und schnurgeraden Nymphenburg-Biedersteiner Kanals, ein Spielchen, das wir an der Dantestraße am **Dantebad** wiederholen. Nun radeln wir rund 3 Kilometer immer geradeaus und unterqueren dabei Dachauer Straße und Landshuter Allee. Auf der Straße **Willi-Gebhardt-Ufer** passieren wir, am Großen Olympiasee entlang, den **Olympiapark,** der nahezu alle Interessen bedient, von Erholung über Sport bis Musik.

*Der **Olympiapark**, eine der größten Grünanlagen und Wahrzeichen Münchens, entstand anlässlich der Olympischen Sommerspiele 1972. Das Zeltdach, das Olympiahalle, Schwimmhalle und Teile des Stadions überspannt, gilt architektonisch bis heute als wegweisend.*

Über die Lerchenauer Straße hinweg geht's auf die **Birnauer Straße,** die uns in einer Rechtskurve zur

Olympiapark

Restaurant und Biergarten Aumeister

Schleißheimer Straße bringt. Wir queren sie und kommen auf der anderen Seite auf einem kleinen Weg in den **Luitpoldpark.** Bald umkurven wir einen Schrebergarten, queren danach die Belgradstraße in die **Rümannstraße** und biegen später nach rechts auf die **Isoldenstraße** ab. Die **Parzivalstraße,** durch die eine Trambahnlinie verläuft, bringt uns nach links auf die **Leopoldstraße,** in die wir rechts einbiegen. An der nächsten Ampel radeln wir links auf die **Johann-Fichte-Straße,** sodann links auf die **Berliner Straße.** Sie führt uns im Bogen zum **Franz-Hommel-Weg.** Über die Ungererstraße hinweg kommen wir auf die **Hollandstraße,** die in die **Brabanter Straße** übergeht. Die verlassen wir an der Ecke Luxemburger Straße nach links auf die **Brücke über den Isarring** (Mittlerer Ring) und die **Amsterdamer Straße.** An der **Osterwaldstraße** fahren wir kurz nach links und darauf rechts auf die **Schwedenstraße,** die wir in der ersten Rechtskurve geradeaus auf den **Ernst-Pentzoldt-Weg** verlassen. Wir überqueren den **Schwabinger Bach,** dem wir nach links folgen bis zum **Aumeister ⑮,** wo wir gestartet sind.

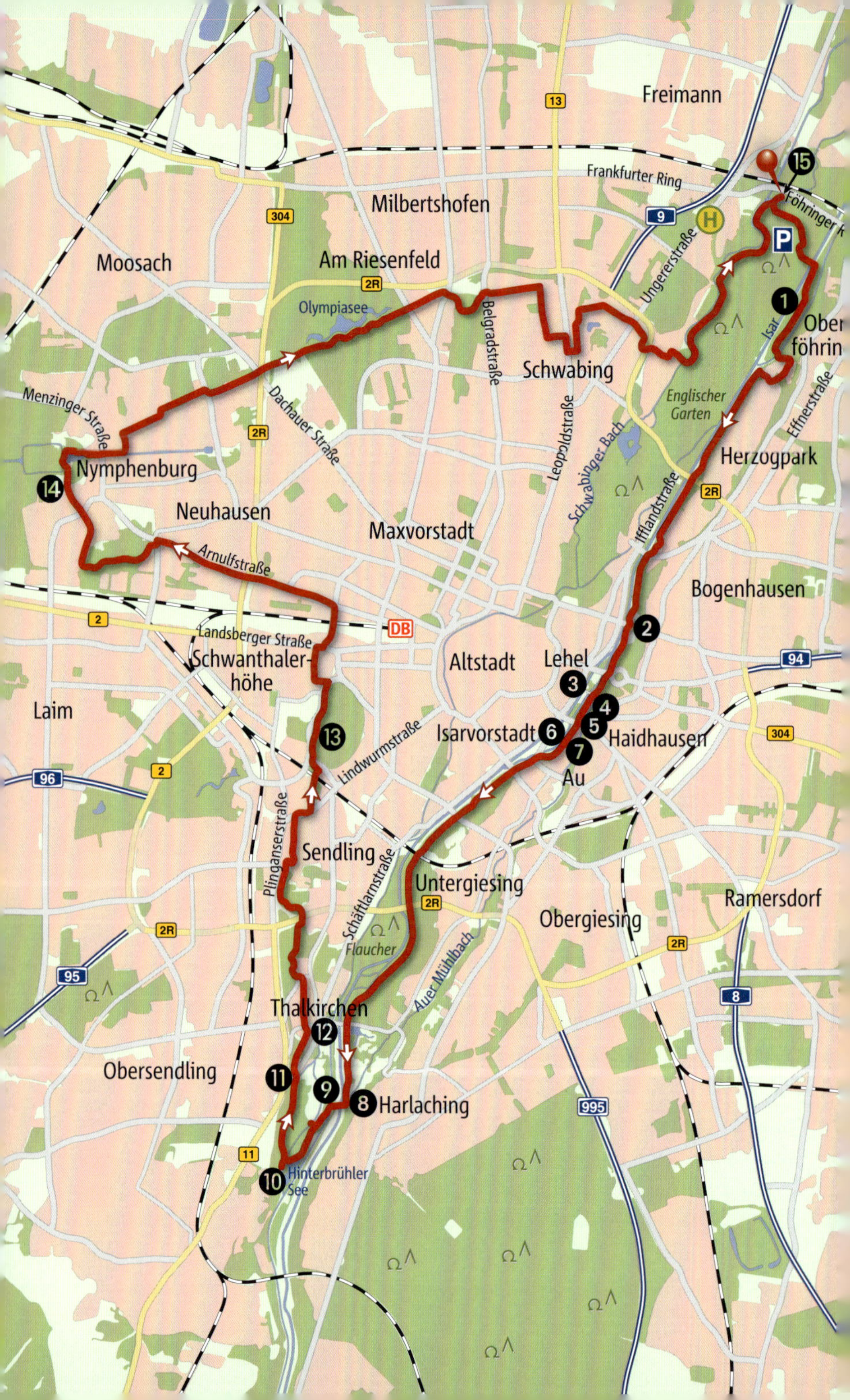

Freimann
13
Frankfurter Ring
15
Föhringer R
9
H
P
Milbertshofen
304
Moosach
Am Riesenfeld
2R
Ungererstraße
1
Ober
föhrin
Isar
Olympiasee
Belgradstraße
Schwabing
Englischer Garten
Effnerstraße
Menzinger Straße
Dachauer Straße
2R
Leopoldstraße
Herzogpark
Nymphenburg
14
Schwabinger Bach
2R
Neuhausen
Maxvorstadt
Ifflandstraße
Arnulfstraße
Bogenhausen
2
DB
2
Landsberger Straße
Schwanthalerhöhe
Altstadt
Lehel
94
3
4
Laim
5
Isarvorstadt
6
Haidhausen
13
7
304
Lindwurmstraße
Au
96
2
Plinganserstraße
Sendling
Schäftlarnstraße
Untergiesing
2R
Ramersdorf
Obergiesing
2R
Flaucher
2R
95
Auer Mühlbach
8
Thalkirchen
12
Obersendling
11
9
8
Harlaching
995
11
10
Hinterbrühler See

Alles auf einen Blick

WIE & WANN:
Asphaltierte Neben- und Fahrradstraßen, Park- und Radwege; in Jahren mit trockenem Winter ganzjährig befahrbar

HIN & WEG:
Auto: Parkplatz Aumeister, Sondermeierstraße 1, 80939 München (GPS: 48.185641, 11.621311)
ÖPNV: U 6, Haltestelle Studentenstadt (Fahrradbeförderung in der U-Bahn zu bestimmten Zeiten kostenpflichtig möglich); mit dem Rad stadtauswärts fahren, rechts am Iphitos-Tennisclub vorbei dem Aumeisterweg folgen. Alternativ Regionalverkehr bis München Hbf; mit dem Rad auf der Bayerstraße/Landsberger Straße stadtauswärts, Einstieg in die Tour an der Grasserstraße

ESSEN & ENTSPANNEN:
Biergarten am Muffatwerk ❹ Zellstraße 4, 81667 München, Tel. (0 89) 45 87 50 73, www.muffatwerk.de/de/pages/biergarten
Wirtshaus in der Au ❼ Lilienstraße 51, 81669 München, Tel. (0 89) 4 48 14 00, www.wirtshausinderau.de
Gasthof Hinterbrühl am See ❿ Hinterbrühl 2, 81479 München, Tel. (0 89) 79 44 94, www.gasthof-hinterbruehl.de
Asamschlössl ⓫ Maria-Einsiedel-Straße 45, 81379 München, Tel. (0 89) 78 01 67 79-0, www.asamschloessl.de
Schlosswirtschaft Schwaige ⓮ Schloss Nymphenburg 30, 80638 München, Tel. (0 89) 12 02 08 90, www.schlosswirtschaft-schwaige.de
Aumeister ⓯ Sondermeierstraße 1, 80939 München, Tel. (0 89) 1 89 31 42-0, www.aumeister.de

ENTDECKEN & ERLEBEN:
Isarinsel Oberföhring ❶; **Prinzregent-Luitpold-Terrasse** ❷; **Lukaskirche** ❸
Müller'sches Volksbad ❺ www.swm.de/baeder; Deutsches Museum ❻ Museumsinsel 1, 80538 München, Tel. (0 89) 2 17 93 33, www.deutsches-museum.de
Kapelle Marienklause ❽; **Bertschbrunnen** ❾
Wallfahrtskirche St. Maria Thalkirchen ⓬; **Ruhmeshalle mit Bavaria** ⓭

Entspannung *****
Genuss *****
Romantik ****

Erfrischung im Biergarten am Heimstettener See

Obwohl wir seit Jahrzehnten in München leben, erradeln wir uns während dieser Rundstrecke doch tatsächlich ein echtes Stück Neuland: die Messestadt Riem und den benachbarten Riemer Park. Beide sind nach dem endgültigen Abflug des ehemaligen Flughafens München-Riem Anfang der 1990er-Jahre auf dessen altem Gelände entstanden. Es handelt sich um einen neuen Stadtteil von gewaltigen Dimensionen. In der Messestadt Riem leben heute 16.000 Menschen, 10.000 arbeiten hier. Sie ist damit eines der größten städtebaulichen Entwicklungsgebiete Europas.

Gespannt wie ein Flitzebogen starten wir am **Edinburghplatz** und verlassen ihn, das Einkaufszentrum **Riem Arcaden** ① im Rücken, nach links, also westwärts.

Wir stoßen auf einen breiten, von einer Baumallee gesäumten **Fuß- und Radweg,** auf den wir nach links einbiegen. Rechts begleitet uns Grünland, links eine Wohnhauszeile, ehe wir links in den **Riemer Park** eintauchen. Die Grünanlage ist 2005 im Rahmen der Bundesgartenschau entstanden und wird deswegen auch Buga-Park genannt. Mit 20.000 Bäumen, 10.000 Quadratmetern Rosen- und Staudenfläche, einem Badesee und zwei Aussichts-/Rodelhügeln wertet sie das Wohnquartier Messestadt enorm auf. Den Park durchziehen viele gepflasterte und geschotterte Wege, auf denen wir – egal, welchen wir wählen – nach gut einem Kilometer den künstlich angelegten und bis zu 18 Meter tiefen **Riemer See** erreichen. Die Ufer des 12 Hektar großen Gewässers bieten Einheimischen

*Die **Riem Arcaden** sind das merkantile Herzstück des Quartiers Messestadt Riem. Dort geben sich über 140 Geschäfte und Gastronomie auf drei Etagen ein munteres Stelldichein. Der Konsumtempel ist optimal mit dem öffentlichen Verkehrsnetz verwoben.*

Neuland

Riem, Heimstetten & Aschheim

Der Riemer See

Reges Treiben unter der Wasseroberfläche

und Touristen viel Raum für Freizeitaktivitäten. An sonnenverwöhnten Tagen herrscht auf dem Areal, vor allem am Badestrand im östlichen Teil des Sees (Baden ist nur an den gekennzeichneten Stellen erlaubt), ein beeindruckendes Gewusel. Aber selbst dann findet man abseits des Trubels ein ruhiges Plätzchen, sodass man sich wie in einer Oase der Erholung fühlt.

Gleich nachdem wir auf den See gestoßen sind, überqueren wir ihn auf einer Brücke. Im glasklaren Wasser unter uns tummeln sich Dutzende Karpfen. Breite Gürtel und Inseln von Schilfgräsern sowie un-

Für die Seele

Wir durchstreifen eine grüne Oase der Erholung sowie einen Frauenwald, der Balance und die vielen Möglichkeiten des Lebens symbolisiert.

Reste der Start- und Landebahn des ehemaligen Flughafens

zählige Schwimmblätter von Seerosen bieten den Fischen ausreichend Rückzugsgebiete.

In Ufernähe fahren wir am See entlang, passieren Zieranlagen mit bienenfreundlichen Wildblumen und einen kleinen Hain aus jungen Birken. An seiner Stirnseite erhebt sich in Blickweite ein **Aussichtshügel** (winters wird hier gerodelt), zu dessen Füßen wir rechts abbiegen. An der nächsten Querstraße – zur Rechten liegt der Ort Salmdorf – fahren wir nach links, an der zweiten Kreuzung nach rechts, um nach einem weiteren Links-rechts-Haken in ein kleines Waldgebiet einzutauchen.

1992 wurde der internationale Flughafen München-Riem nach 53 Jahren geschlossen. Heute erinnern nur noch die alte Wappenhalle, der ehemalige Flughafen-Tower sowie ein kleines Überbleibsel der Start- und Landebahn als Zeitzeugen an seine Existenz.

An der nächsten Gabelung halten wir uns links und treffen schon bald auf die spärlichen **Reste der Start- und Landebahn** **2** des ehemaligen Flughafens. Wir legen einen Zwischenstopp ein und spüren, wie uns ein ambivalentes Gefühl beschleicht. Die Vergänglichkeit des Lebens, hier ist sie greifbar nah, sie liegt sinnbildlich unter unseren Füßen. Noch vor nicht allzu langer Zeit sind an dieser Stelle Tausende Menschen täglich in die weite Welt aufgebrochen, heute stehen wir an demselben Punkt, allerdings von Wald gerahmt und am Rand eines Stadtteils, den es einen Wimpernschlag entfernt noch gar nicht gab.

Am **Frauenwald 2000** ③ und Feldern entlang stoßen wir auf die **Münchner Straße** und folgen ihr nach rechts über die Autobahn 94 hinweg bis zu einem Kreisverkehr, den wir an der zweiten Ausfahrt auf die **Olympiastraße** verlassen. Am Ende biegen wir rechts auf den **Riemer Gangsteig** (danach **Ottostraße**) und gelangen zur **Aschheimer Straße (B 471).** Sie bringt uns links durch eine Bahnunterführung zum nächsten Kreisverkehr, der uns an der ersten Ausfahrt auf die **Seestraße** entlässt. Nach weiteren 2 Kilometern sind wir am **Heimstettener See.** Rechter Hand steigen wir eine Treppe hinauf, während wir das Rad über die Radlspur neben den Stufen schieben. Vor uns breitet sich der Badesee aus, der am Schnittpunkt des Gebiets von gleich drei Gemeinden (Kirchheim, Aschheim und Feldkirchen) liegt und in den 1930er-Jahren durch Kiesentnahme

Neben den Resten der alten Start- und Landebahn des Flughafens Riem ist im Jahr 2000 der ***Frauenwald 2000*** *angelegt worden. 2000 Bäume für 2000 Frauen, in Form eines Medizinrads, dem Symbol für Balance und die unendlichen Möglichkeiten des Lebens.*

Denkmal am Frauenwald 2000

Wasserskipark Aschheim

seitens der Deutschen Reichsbahn entstanden ist. Er bietet alles, was man von einem Naherholungsgebiet erwartet: Liegewiesen, Gaststätte mit Biergarten, öffentliche Toiletten, Badeinsel im See, Wasserwacht, Grillzone, Spiel- und Bolzplatz. Gegen den Uhrzeigersinn fahren wir um den See herum und kehren für ein prickelndes Erfrischungsgetränk im Biergarten am See ein. Anschließend verlassen wir den See wieder auf die **Seestraße** nach links und biegen nach einem großen Parkplatz rechts auf den schmalen asphaltierten **Brecherspitzweg** ein. Er lenkt uns nach 500 Metern über die Staatsstraße 2082, die Kirchheim mit Riem verbindet. Knapp 300 Meter später geht's links auf die **Ludwig-Ganghofer-Straße,** die uns rechts über die Straße **Am Eventpark** zum Eingang des **Wasserskiparks Aschheim** ④ führt, den es bereits seit 1998 gibt. Dort spielen wir Zaungast und beobachten, wie Anfänger und Fortgeschrittene auf ihren Brettern vom Lift gezogen übers Wasser flitzen und manchmal auch über Hindernisse springen. Zur Anlage gehört ein Seegarten, der einen Sandstrand mit Liegestühlen und eine Sonnenterrasse bietet. Dort könnten wir einen Cocktail genießen, während die Wassersportler ihre Kreise ziehen.

Genug gesehen. An einem Parkplatz vorbei passieren wir auf der Straße **Am Sportpark** einige Tennisplätze und überqueren die Feldkirchner Straße (B 471). Felder umgeben uns, bis wir nach 400 Metern auf der linken Seite auf eine **Infotafel** stoßen, die uns auf die benachbarte Fundstelle eines römischen Landhauses hinweist, einer **Villa rustica** 5 mit Bad, die auf das 2. bis 4. Jahrhundert nach Christus zurückgeht.

Weiter geht's nach rechts einen schmalen Feldweg entlang, der uns an die Uttastraße bringt. Wir kreuzen sie und tauchen sogleich in eine Grünanlage ein, den **Erholungspark Südwest** – mit Aussichtshügel, Teich, Römer-Pavillon und meterhohem Obelisken. Dort sind Ereignisse der Weltgeschichte und der Historie Aschheims mit Jahreszahlen eingraviert, von der Gründung Roms über den Mauerfall bis zur Errichtung der Geothermie-Anlage. Seitlich davon ragt im Hintergrund der 1927 erbaute und 29,60 Meter hohe Wasserturm an der Uttastraße empor, als wollte er sagen: „Hey, ich bin auch noch da!"

*Nahe Aschheim wurde 2001/2005 ein in Stein- und Holzbauweise errichtetes römisches Landgut freigelegt. Heute ruht diese **Villa rustica** wieder geschützt unter der Erde. Sie kann mithilfe eines Durchblickpanoramas in der Landschaft betrachtet werden.*

Obelisk im Erholungspark Südwest

Sonnenblumenfeld

*Das **Drive-in-Autokino München-Aschheim** liegt zwischen Aschheim und Dornach. Die große Kinobildwand, vor der bis zu 600 Autos Platz haben, ist 15 Meter hoch und 36 Meter breit. Eine zweite ist 10 Meter hoch und 24 Meter breit und erfasst bis zu 250 Autos.*

Wir durchfahren den Park der Länge nach und erreichen am Ortsrand von **Aschheim** entlang die **Münchner Straße.** Auf dem begleitenden Radweg fahren wir links und biegen nach 500 Metern rechts auf einen Feldweg ab, den wir bei der nächsten Gelegenheit nach links verlassen. Auf beiden Seiten von Feldern – mal Raps, mal Sojabohne – gerahmt, passieren wir das **Drive-in-Autokino München-Aschheim** (6) dessen riesige „Leinwände" wir zwischen Baumwipfeln erspähen.

Kurz nach dem Open-Air-Kino kreuzen wir auf dem **Mooswiesenweg** die Straße Am Kiesgrund und biegen 150 Meter vor dem Kirchdorf Dornach rechts auf den **Pointweg** ein, der uns links um Dornach herum zur **Rat-Kaffl-Straße** bringt. Dort halten wir uns zunächst rechts und radeln nach wenigen Metern links auf einen Feldweg zu. Er stößt am Ende auf die **Ohmstraße,** wo wir uns zunächst nach rechts wenden und kurz danach links auf die **Humboldtstraße** abbiegen. Nach wenigen Metern geht's halb rechts auf einem **Radweg** das Gewerbegebiet Dornach entlang.

Am **Margaretha-Ley-Ring** schwenken wir links ein, sodann rechts auf die **Karl-Hammerschmidt-Straße,** auf der wir über einen Kreisverkehr hinweg auf die **Bahnhofstraße** gelangen. Nach einer Bahnunterführung fahren wir die **Erdinger Straße** entlang ins Zentrum des einstigen Dorfes Riem. Auf Höhe des **Hotels Prinzregent** überqueren wir die Riemer Straße und folgen ihr dann links bis zur breiten Straße **An der Point.** Auf dem begleitenden Radweg überqueren wir rechts eine Autobahnbrücke und erreichen geradeaus die **Olof-Palme-Straße,** auf der wir ein weiteres Überbleibsel des alten Flughafens passieren – den Tower.

Nun radeln wir am **Messesee** vorbei Richtung **Riem-Arcaden.** So kommen wir zum Ausgangspunkt unserer Tour am **Edinburghplatz** zurück. Das Lächeln in unserem Gesicht will uns sagen, dass uns das Neuland, das wir heute durchfahren haben, bestimmt nicht zum letzten Mal gesehen hat. Tatsächlich hat uns der Riemer Park positiv überrascht. Man lernt eben nicht aus.

Unser Radweg ist auf beiden Seiten von Feldern gerahmt

Kirchheim bei München
Abfanggraben
Hüllgraben
Aschheim
Erdinger Straße
Östliche Umgehungsstraße
99
471
Eichendorffstraße
Aschheimer See
Münchner Straße
Dornach
Heim-stettener See
Seestraße
Erdinger Landstraße
St 2082
Feldkirchen
94
Riemer Straße
Paul-Henri-Spaak-Straße
Am Hüllgraben
Messesee
Willy-Brandt-Allee
Messestadt Riem
Salmdorf
Ottendichl
Riemer See
Riemer Park
Rappenweg
Johann-Karg-Straße
Gronsdorf
Waldtrudering
304
Eglfing
1
2
3
4
5
6

Alles auf einen Blick

WIE & WANN:
Befestigte Park-, Feld- und Wirtschaftswege sowie ruhige Nebenstraßen und Grünanlagen; ganzjährig befahrbar, am besten März bis November

HIN & WEG:
Auto: Parkmöglichkeiten am Edinburghplatz, 81829 München (GPS: 48.133580, 11.686919)
ÖPNV: U 2, Haltestelle Messestadt West (Fahrradbeförderung in der U-Bahn zu bestimmten Zeiten kostenpflichtig möglich)

ESSEN & ENTSPANNEN:
Seeterrasse MCA ❹ Am Eventpark 20, 85609 Aschheim, Tel. (0 89) 95 99 81 90, https://seeterrasse-mca.de

ENTDECKEN & ERLEBEN:
Riem Arcaden ❶ Willy-Brandt-Platz 5, 81829 München, www.riemarcaden.de
Reste der Start- und Landebahn ❷
Frauenwald 2000 ❸
Wasserskipark Aschheim ❹ Am Eventpark 30, 85609 Aschheim, Tel. (0 89) 90 01 96 00, www.wasserskipark-aschheim.de
Villa rustica ❺
Drive-in-Autokino München-Aschheim ❻ www.autokino-aschheim.de

Entspannung ✱✱✱✱✱
Genuss ✱✱✱✱✱
Romantik ✱✱✱✱✱

Am Wasserknotenpunkt laden Bänke zum Verweilen ein

- 23 Kilometer
- 50 Höhenmeter
- 2 Stunden
- Rundtour

Feldmoching ist fraglos eine der dörflichsten Ecken in München, insbesondere der Ortskern erinnert mit seinen alten Bauernhöfen und Gaststätten an das bayerische Landleben, wie es einst überall um München herum zugegen war. Und mit seiner Dreiseenplatte, die den Lerchenauer See, Fasaneriesee und Feldmochinger See umfasst, hat der Stadtteil drei Asse im Ärmel, die ihn unter die Favoriten der Naherholungsgebiete in der Landeshauptstadt katapultieren. Mit seinem Umland kann er sogar noch stärker punkten, wie unsere Rundtour anschaulich zeigen wird.

*Feldmoching wurde im 6. Jahrhundert als **bajuwarische Siedlung** gegründet, die sich um einige Höfe scharte. Als ländlich geprägtes Bauerndorf schaffte es der Ort durch die Zeitläufte. Bis heute sind seine Ursprünge im Ortskern an alten Höfen zu erkennen.*

Los geht's am S-Bahnhof Feldmoching, den wir auf der **Paul-Preuß-Straße** verlassen. An deren Ende biegen wir links auf die **Herbergstraße** und 700 Meter weiter halb rechts auf die **Pflaumstraße** ab. Hier stehen einige der erwähnten Höfe, die den dörflichen Charakter des Stadtteils prägen. Wir überqueren die Feldmochinger Straße. Es ist lohnend, sich in dieser Straße etwas umzuschauen, wo mehrere Hofläden Kartoffeln und Gemüse direkt vom Erzeuger anbieten.

Bei der nächsten Möglichkeit biegen wir rechts ab auf die **Grashofstraße.** Keine 200 Meter weiter lassen wir die Wohnhäuser von Feldmoching hinter uns zurück. Vor uns öffnen sich weite Felder, unterbrochen nur von einem Hof und den Hallen eines Krankentransportunternehmens zur Rechten. Links ist die Straße von einer Baumreihe gesäumt, dahinter plätschert das Wasser im Kälbergraben, der ein Stück weiter in den Feldmochinger Mühlbach (vormals Moosach) mündet. Wir durch-

Olympisches Moos

Regattastrecke & Karlsfelder See

fahren einen Tunnel, über den der dichte Verkehr auf der Autobahn 99 hinwegrauscht, und biegen nach einer Rechtskurve halb rechts auf den **Eishüttenweg** ab. Nach 800 Metern, auf denen uns einige Mais- und Rapsfelder begleiten, tauchen wir in ein schmales Waldgebiet ein und überqueren den 1690/91 erbauten **Würmkanal,** der die Anlagen von Schloss Schleißheim mit Wasser versorgt. Unmittelbar nach der Brücke fahren wir links etwa 50 Meter den Kanal entlang, um dann auf einer weiteren Brücke die Ausleitung des Schwebelbachs zu kreuzen. Noch davor fließt am anderen Kanalufer der Feldmochinger Mühlbach in den Würmkanal. Dieser **Wasserknotenpunkt ①,** so lesen wir auf einer Infotafel, trug einst den Namen Eishüttenplatz, weil sich an dieser Stelle eine Eishütte befand. Darin konnten sich die Arbeiter im Winter aufwärmen, nachdem sie im kalten Wasser stehend das Grundeis im Würmkanal zerschlagen hatten. Die losgehauenen Schollen spülte der Schwebelbach mit sich fort. Heute laden an diesem Knotenpunkt zwei Bänke zum Verweilen ein. Wir

Am Würmkanal

Auf dem Weg zum Regatta-Badesee

folgen dem freundlichen Angebot, lassen uns für einige Minuten nieder und stellen uns eine entsprechende Winterszene vor, in der einige Arbeiter mit ihren Werkzeugen das Eis zerschlagen, damit die Herrschaften in Schloss Schleißheim nicht auf dem Trockenen sitzen.

Bei der Vorstellung fröstelt uns, deshalb radeln wir am Schwebelbach weiter und folgen dem Wegweiser Richtung **Oberschleißheim** und **Regatta-Badesee** – das nächste Stück mit dem leise glucksenden Schwebelbach an unserer Seite. Nach 800 Metern trennen sich unsere Wege. Der Bach fließt geradeaus weiter, um nach weiteren 8 Kilometern in die Amper zu münden. Wir dagegen folgen dem Hauptweg, der in einem Linksbogen einen dicht bewachsenen **Schutzbereich für heimische Tiere und Pflanzen** ❷ passiert. Dahinter zeigt

Für die Seele

An einladenden Badeseen und idyllischen Bachläufen radeln wir entlang und tanken in der Stille eines lichten Niedermoorwalds viel Kraft.

Ausgewiesene Badeplätze an der Regattastrecke

sich sporadisch der türkisfarbene See. Am gegenüberliegenden Ufer erkennen wir zwischen Bäumen hellgrün leuchtende Liegewiesen, auf denen sich Badegäste sonnen.

Der nun leicht ansteigende Weg, auf dem wir uns immer rechts halten, lenkt uns durch einen Waldstreifen, der sich wie ein Gürtel um den **Regattaparksee** legt – so heißt das Gewässer jetzt auf einem Schild. In Sichtweite der Seehütte der DLRG-Wasserstation mit ihrem Steg beobachten wir weitere Badegäste bei ihrem bunten Treiben. Auch in diesem Bereich gibt es Liegewiesen, deren sonnige und schattige Plätze während der Saison sicher gut besucht sind.

*Die **Regattaanlage Oberschleißheim** im Südteil des Dachauer Mooses entstand für die Olympischen Spiele 1972 und steht seit 2018 unter Denkmalschutz. In 38 Bootshallen sind Ruder- und Kanuboote der zwölf ansässigen Vereine untergebracht.*

Wir verlassen den Uferweg und gelangen nach wenigen Metern über eine Steintreppe zur **Regattaanlage Oberschleißheim** 3. Rechts sehen wir den Tribünenbau, in dem sich ein **Kiosk mit Imbiss** 4 befindet. Dort können sich im Sommer die Besucher des benachbarten **Munich Beach Resort** – es hat fünf Courts für Beachvolleyball, Soccer, Tennis und Handball – mit Getränken und Snacks stärken.

Wir fahren nach links zur Regattastrecke hinunter und dann auf einem asphaltierten Weg an der Ruderstrecke entlang. Am Zielturm und den Bootshäusern vorbei gelangen wir zur beschrankten Zufahrt des Geländes. Vor und nach dem Zielturm ist in einem markierten Bereich das Schwimmen erlaubt. Von den sechs Holzstegen an der Stirnseite der Ruderstrecke werden die Boote zu Wasser gelassen.

Wir verlassen das Gelände und biegen vor dem Schleißheimer Kanal und der Bundesstraße 471 nach links auf einen **Wander- und Radweg** ein. Dabei leitet uns der Wegweiser Richtung **Karlsfeld/Karlsfelder See.** Nach 150 Metern halten wir uns an einem Abzweig rechts. Hinter einem Mischwald stoßen wir auf den von Birken gesäumten **Schnepfenweg.** Ihm folgen wir erst nach links, 150 Meter später dann nach rechts

Regattaanlage Oberschleißheim

durch eine kleine Siedlung und einen Wald. Auf dem **Kalterbachweg** geht es schnurgerade weiter bis zum gleichnamigen Bach – einem Abfluss des Feldmochinger Sees, der weiter nördlich in die Amper mündet. Wir bewegen uns jetzt in einem **Landschaftsschutzgebiet.**

Nach einer Linkskurve folgen wir dem Lauf des Kalterbachs – bis zu einer Brücke am Regattaweg, die wir überqueren. Wir tauchen in das Waldgebiet ein, das uns auf der rechten Seite schon eine Weile begleitet hat: das **Schwarzhölzl.** Seinen Namen verdankt es vermutlich den Mooskiefern, die diesen Niedermoorwald besonders düster wirken lassen.

Nach gut 400 Metern folgen wir an einem Abzweig dem Wegweiser nach rechts Richtung **Karlsfelder See.** Nach einer leichten Linkskurve öffnet sich der Wald und gewährt einen freien Blick auf den von einzelnen Bäumen und Sträuchern bestandenen **Schwarzhölzlberg** ❺. Etwas seitlich erinnert ein **Gedenkstein an Josef Koller** (1942–2010) ❻ den „begeisterten Naturschützer und Retter des Schwarzhölzls", wie auf einer Messingtafel zu lesen ist. Dieser Mann hat sich über Jahrzehnte dafür eingesetzt, das Schwarzhölzl unter Naturschutz zu stellen – was 1994 tatsächlich geschah.

*Die Magerwiesen am **Schwarzhölzlberg** sowie weitere offene Wiesen, ursprüngliche Streu- und Feuchtwiesen, zeichnen sich durch eine große pflanzliche Vielfalt aus. Garant für den Erhalt dieser Flächen ist eine sorgfältige und fachkundige Pflege mit regelmäßiger Mahd.*

Wir radeln weiter und treffen nach etwa 100 Metern auf einen Abzweig, an dem wir uns wiederum an dem Wegweiser Richtung **Karlsfelder See** orientieren und rechts fahren. Eine Brücke bringt uns über den Moosgraben, der im Karlsfelder See entspringt und in den Kalterbach mündet. Dahinter biegen wir links auf den **Josef-Koller-Weg** ein. Bis zum See werden wir nun erst links, dann rechts vom **Moosgraben** ❼ begleitet, dessen kiesiges Bett vor allem Bachforellen lieben. Auf den nächsten 500 Metern, die bis an den Ortsrand von **Karlsfeld** reichen, zeigen sich Weg und Bach entlang einer Magerwiese von ihrer besonders idyllischen Seite, mit dem licht von Birken bestandenen, abgeflachten Ufer.

Erholungsgebiet
Karlsfelder See

Fensterladen mit Herz

Der **Karlsfelder See** ist 980 Meter lang, 250 Meter breit und bis 10 Meter tief. Von Süden wird er durch Grundwasser gespeist, am Nordende sind zwei Ausläufe. Es gibt einen Fischweiher, einen Aussichtsberg, zwei Biotope, 17 Hektar Liegewiese und vieles mehr.

Auf dem **Augustenfelder Weg** (später **Bachweg**) erreichen wir – stets in Bachnähe und dem grünen Zwischenwegweiser folgend – die **Hochstraße.** Wir überqueren sie nach links, um sogleich nach rechts die Bajuwarenstraße zu kreuzen. Und schon tauchen wir in das **Erholungsgebiet Karlsfelder See** ein. Rund um den Badesee verlaufen knapp 5 Kilometer Fuß- und Radwege. Wir umfahren ihn gegen den Uhrzeigersinn auf dem Uferweg, vorbei an den beiden Abflüssen (Moosgraben und Tiefengraben), dem zwischen zwei Feuchtbiotopen gelegenen Schallweiher, einem fischreichen Angelgewässer, das der Fischereiverein Karlsfeld bewirtschaftet, und an schier endlos wirkenden Liegewiesen. Am Ostufer kehren wir für eine kleine Brotzeit in den **Paulaner Seegarten** **8** mit Blick auf den See ein.

Danach verlassen wir das Gelände an Parkplätzen entlang nach links auf die **Hochstraße.** Nach Überquerung der Bajuwarenstraße radeln wir geradeaus auf die **Feldstraße.** Sie bringt uns links zum **Wiesenweg,** auf den wir nach rechts einbiegen, um nach 200 Metern erneut nach rechts auf die Straße **Am Krebsbach** zu gelangen. Nach einem Kilometer fahren wir links auf den **Feldmochinger Weg** ein. An der ersten Weggabelung halten wir uns links, an der zweiten rechts. Wir folgen dem Schotterweg 3 Kilometer. Er führt uns, rechts und links von weiten Feldern gerahmt, immer näher an den **Würmkanal** heran, den wir schließlich parallel begleiten. Dabei kreuzen wir die Kuppelfeldstraße. Bei der nächsten Möglichkeit verlassen wir den Weg nach rechts über den Würmkanal und münden in die **Grashofstraße,** der wir bis zum Tunnel an der A 99 folgen. Ab hier geht es auf dem Weg, den wir bereits kennen, zum Feldmochinger Bahnhof zurück.

Von Sonnenblumen begleitet

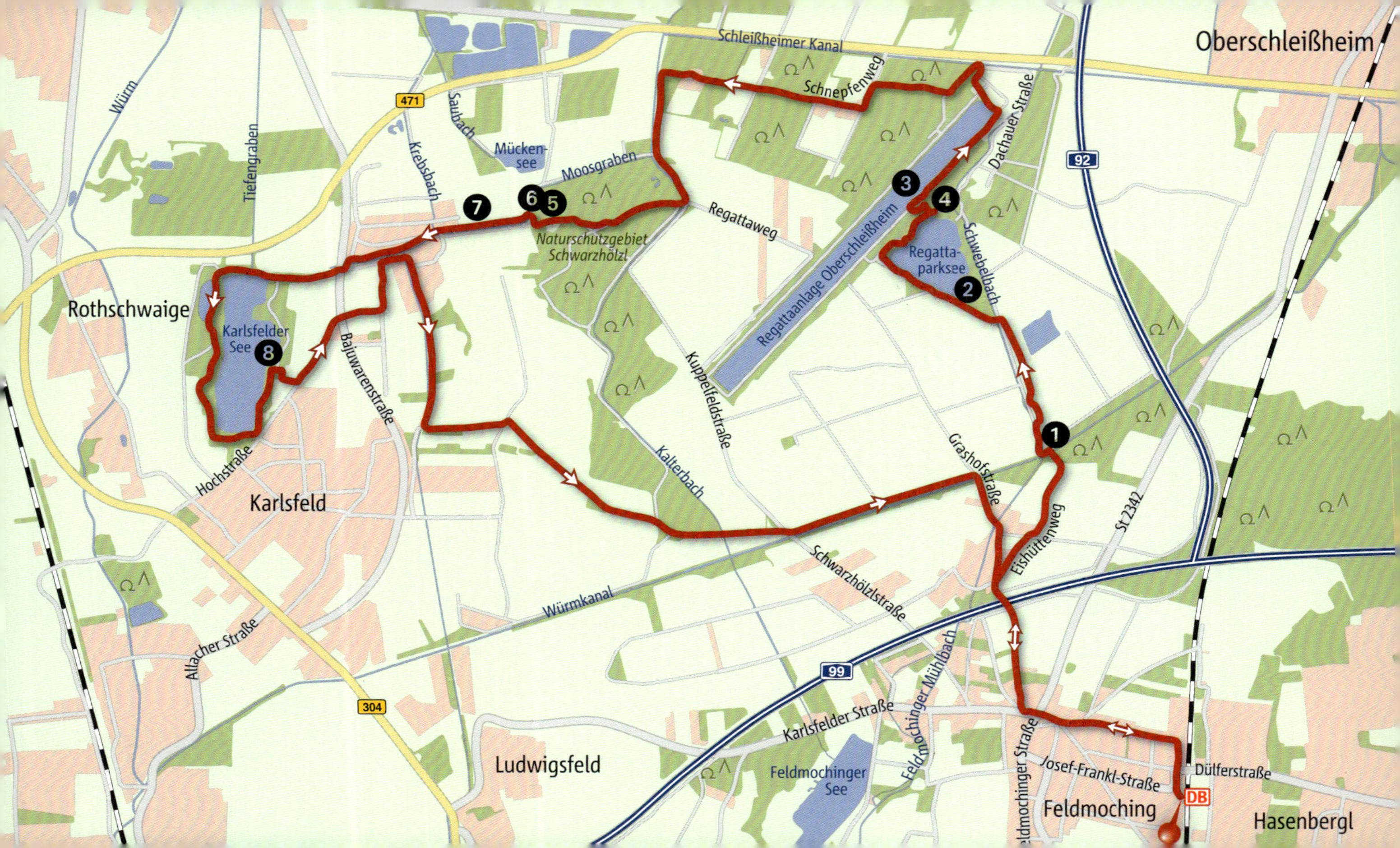
Oberschleißheim
Schleißheimer Kanal
Schnepfenweg
Dachauer Straße
92
Würm
471
Saubach
Mückensee
Moosgraben
Tiefengraben
Krebsbach
Regattaweg
Regattaanlage Oberschleißheim
Regatta-parksee
Schwebelbach
Naturschutzgebiet Schwarzhölzl
Rothschwaige
Karlsfelder See
Bajuwarenstraße
Kuppelfeldstraße
Grashofstraße
Kalterbach
Eishüttenweg
St 2342
Hochstraße
Karlsfeld
Schwarzhölzlstraße
Würmkanal
Allacher Straße
99
Feldmochinger Mühlbach
304
Karlsfelder Straße
Ludwigsfeld
Feldmochinger See
Feldmochinger Straße
Josef-Frankl-Straße
Dülferstraße
DB
Feldmoching
Hasenbergl
1
2
3
4
5
6
7
8